POLYGLOTT on tour

Teneriffa

W0172918

Die Autorin

Irene Börjes

Die Hamburgerin zog es 1988 auf
ihre Lieblingsinsel La Palma. Als
Studien- und Wanderreiseleiterin
sammelte sie soviel Wissen und
Erfahrungen, dass sie schon bald
ihre Nebenbeschäftigung als Reise-
journalistin zum Beruf machen
konnte. Sie hat seither zahlreiche
Bücher veröffentlicht, darunter auch
einen Teneriffakrimi.

Reiseplanung

Land & Leute

Karten

Reiseplanung

Die Reiseregion im Überblick

Welch eine Vielfalt! Strände und Berge, Wälder und Wüsten liegen in Teneriffa dicht beieinander. Im Zentrum erhebt sich der Vulkan Teide, mit 3718 m höchster Berg Spaniens, aus einem schroffen Felsring. An seiner Nordflanke liegt das anmutige, grüne Orotavatal. Ihre abwechslungsreichen Landschaften haben die größte Kanareninsel zu einem der beliebtesten Reiseziele Europas gemacht. Und dennoch findet man noch ruhige Plätze und kann jenseits der Urlaubszentren ungestört die Natur durchstreifen. Selbst beim Sprung ins Wasser hat man die Wahl: Große und kleine, helle und dunkle, belebte und einsame Sandstrände sowie Naturschwimmbecken laden zum Baden ein.

Ziel der meisten Inselbesucher sind die auf Urlaubsgäste spezialisierten Orte des **Südens**. Hier kann man an nahezu jedem Tag im Jahr an einem der vielen Strände den Sonnenschein genießen. Der immer warme Atlantik ermöglicht je nach Standortwahl geruhsames Planschen, Brandungsbaden oder rasantes Surfen. Das Hinterland bietet spektakuläre Ausflugsziele, wie z.B. den Barranco del Infierno, die »Höllenschlucht«.

Noch vor wenigen Jahrzehnten waren die wildromantischen Schluchten des Tenogebirges im **Nordwesten** unerschlossen. Bevor der Fortschritt mit Betonbauten und Autobahnen hier Einzug halten konnte, wurde die Landschaft unter Natur- und ihre Dörfer unter Denkmalschutz gestellt. Von den Pässen der Straße durchs Tenogebirge bieten

Küste bei Almaciga im Anagagebirge

sich heute atemberaubende Panoramablicke und eine weite Sicht über das Meer auf die Nachbarinseln La Gomera und El Hierro.

Im grünen **Norden** Teneriffas hinterlassen die dichten Passatwolken einen Großteil ihrer feuchten Fracht und tauchen ihn in satte grüne Farben. Auf den Höhen dominieren Pinienwälder während im fast tropischen Klima an der Küste Bananen, Papayas und Mangos gedeihen. Zwischen den Plantagen verstecken sich schwarze Strandbuchten. Das reizvolle Orotavatal, von dem schon 1799 Alexander von Humboldt bei seinem Besuch schwärmte, zählt unbestritten zu den Hauptanziehungspunkten der Insel. **Puerto de la Cruz** an der Nordküste präsentiert sich als Mischung aus kanarischer Stadt und gepflegtem Badeort.

Im **Nordosten** der Insel bilden zerfurchte Bergketten den Hintergrund der Inselhauptstadt **Santa Cruz** und der altehrwürdigen Universitätsstadt La Laguna. Obwohl vor den Toren der großen Städte gelegen, ist das wilde **Anagagebirge** noch wenig erschlossen. Grün, mit Lorbeerwäldern und baumhoher Erika bewachsen zeigt sich die Nordflanke des Gebirges, karg und trocken, mit dem herrlichsten goldgelben Sandstrand präsentiert sich die südöstliche Seite. Teneriffas Kontraste sind hier auf engstem Raum vereint. In der Abgeschiedenheit der Täler bestellen die Bauern noch heute ihre winzigen Terrassenfelder, die sich die steilen Hänge hinaufziehen.

Nirgends spürt man die vulkanische Vergangenheit unmittelbarer als im **Teide-Nationalpark**. Wie ein Zuckerhut, im Winter weiß vom Schnee, im Sommer hell vom Schwefel, ragt der Teide empor. Weiße, grüne, schwarze, braune und goldfarbene Brocken, Lavatürme und Steinflüsse erinnern an das Toben der Naturgewalten. Am Fuße des mächtigen Gipfels hat sich der Steinwüste zum Trotz reges Leben angesiedelt: Millionen von Blüten breiten sich zeitweise in der Ebene aus, Bienenschwärme summen im Duft von Ginster und Levkojen.

Die schönsten Touren

Obwohl Teneriffa über ein gut ausgebautes Busnetz verfügt, lassen sich alle hier vorgeschlagenen Touren wegen der Stopps und Besichtigungszeiten nur mit dem Pkw (am besten per Mietwagen) bewältigen. Dank der überschaubaren Größe der Insel können alle Touren als Tagesausflug durchgeführt werden.

Die in den jeweiligen Kapiteln beschriebenen regionalen Touren können ohne Probleme von verschiedenen Ausgangspunkten angefahren werden, z.B. das Teno- und Anagagebirge von Playa de las Américas oder Puerto de la Cruz.

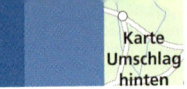

Alte Heiligtümer und die Hauptstadt

—①— Playa de las Américas › Güimar › Candelaria › San Andrés › Santa Cruz › Playa de las Américas

Distanz:
140 km, überwiegend auf der Autobahn.

Auf der Autopista erreicht man von Süden kommend schnell den ersten Besuchspunkt, den **archäologischen Park von Güimar** › S. 115, eine mit Pyramiden bebaute mystische Stätte der Ureinwohner. Von dort ist es nicht mehr weit zur Inselpatronin, der **Jungfrau von Candelaria** › S. 114 in der Basílica de Nuestra Señora de Candelaria. Das Mittagessen bietet sich in San Andrés, dem nächsten Ziel, an. Ein herrlicher Platz für die anschließende Siesta ist der dortige schönste Strand der Region, die weiße ***Playa de las Teresitas** › S. 113. Nach dem erfrischenden Bad geht es erholt zum Bummel und Einkauf in die moderne Insel- und Provinzhauptstadt **Santa Cruz** › S. 105. Die Autobahn führt schnell zurück zum Ausgangspunkt nach Playa de las Américas.

Historische Städte im Norden

—②— Punta del Hidalgo › El Sauzal/Weinmuseum › La Orotava › Icod de los Vinos › Garachico

Distanz:
Etwa 140 km auf gut ausgebauten Landstraßen und auf der Autopista (Autobahn).

Diese Tour führt von Ost nach West an der Nordküste der Insel entlang. Für eine Besichtigung der historisch wertvollen Altstadt von La Laguna bleibt an diesem Tag keine Zeit. Sie fahren von Punta del Hidalgo direkt zum herrlich gelegenen **Weinmuseum bei El Sauzal** › S. 121. Von dort geht es über die Autobahn weiter nach ****La Orotava** › S. 93 zu einem Besuchs- und Einkaufsbummel in der sehenswerten Altstadt. Hier lässt sich auch sehr gut zu Mittag essen. In ***Icod de los Vinos** › S. 98 lockt nicht nur der berühmte größte Drachenbaum sondern eine weitere hübsche Altstadt. Wer sich vor dem Besuch des reizenden Museums-

Blick auf Garachico und den Felsen im Meer, der dem Ort den Namen gab

städtchen **Garachico** › S. 75 noch etwas entspannen möchte, unternimmt einen Abstecher an die **Playa San Marcos** › S. 99 mit weichem, dunklem Sandstrand in einer schönen Felsbucht.

Ins Reich des Teide

3 **Puerto de la Cruz** › La Orotava › El Portillo › Teide ›
Roques de Garcia › Chio › Icod de los Vinos › Puerto de la Cruz

Distanz:
140 km, davon gut 60 km sehr kurvige Wegstrecke, für die mehr Zeit als üblich einkalkuliert werden muss.

Diese Tour führt durch vielfältige Landschaften: das traumhafte **Orotavatal** › S. 90, den grandiosen ***Teide-Nationalpark** › S. 130 und die schwarzen Vulkansandhügel oberhalb von **Chio**. Von den Höhen vor und hinter des Nationalparks und natürlich vom **Teide** › S. 131 reicht die Aussicht über weite Teile des kanarischen Archipels. Im **Besucherzentrum El Portillo** › S. 130 kann man sich über die Landschaften sowie Flora und Fauna im Park informieren. Auf der **Cañadas-Straße**

❯ S. 130 geht es quer durch den Park zu den markanten Felsnadeln ***Los Roques de García** ❯ S. 133. Die TF 38 und TF 82 führen über Icod de los Vinos zurück zum Ausgangspunkt.

Sie sollten sich je nach Zeitplan entweder für die Stadtbesichtigung von ****La Orotava** ❯ S. 93 oder von ***Icod de los Vinos** ❯ S. 98 entscheiden. Für Orotava sollten Sie sich viel Zeit nehmen: Es lohnt ein Besuch der sehr gut erhaltenen Altstadt, der Kunsthandwerksgeschäfte und die Einkehr in eines der hervorragenden Restaurants. Icod de los Vinos hat mit dem ****Drago Milenario** ❯ S. 98, dem tausendjährigen Drachenbaum, einen ganz besonderen Besuchspunkt zu bieten.

Touren in den Regionen

Tour	Lage	Dauer	Seite
Durch die Höllenschlucht	Süden	30 km	43
Zu den schönsten Naturstränden	Süden	45 km	44
Kultur und Natur im Hinterland	Süden	70 km	46
Besuch der kleinen Nachbarinsel	Süden	135 km	46
Durch das wildromantische Tenogebirge	Westen	75 km	64
Von der Küste ins Hinterland	Westen	80 km	65
Ein Tag voller Abenteuer	Westen	3,5 Std. Wanderung	65
Ans Ende der Insel	Westen	65 km	66
Superlative erleben	Norden	65 km	80
Für kleine und große Leute	Norden	50 km	80
Altstadtbummel	Norden	55 km	81
Dörfer und Strände im Anagagebirge	Nordosten	70 km	101
Panoramatour im Anagagebirge	Nordosten	85 km	103
Von Küste zu Küste	Nordosten	85 km	104
Versteckte Strände und bekannte Bodegas	Nordosten	70 km	104
Zu Besuch bei der Inselpatronin	Nordosten	80 km	105
Entlang der Cañadas-Straße	Teide	20 km	130

Klima und Reisezeit

Als Insel des ewigen Frühlings hat Teneriffa immer Saison. Frühsommerliche und sommerlich warme Luft sowie die angenehme Wassertemperatur des Atlantiks sorgen das ganze Jahr über für ideale Badebedingungen. Dennoch machen sich die Jahreszeiten und regionale Klimaunterschiede bemerkbar. Diese sind im Süden und Osten am wenigsten spürbar. Der Südosten ist durch gelegentliche heftige Winde eher ein Surfer- als ein Badeparadies. Im feuchteren Norden schiebt der Passatwind (mit 20–25 km/h) häufig Wolken an die Berghänge. An der Küste herrscht ein subtropisches Klima mit sonnigen,

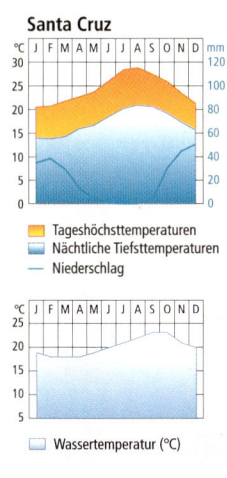

aber ebenso vielen bedeckten Tagen und gelegentlichem Regen – im November und in den Wintermonaten kann dieser auch mehrere Tage anhalten. Über 500 Meter Höhe bekommen die Felder und Wälder dank der Passatwolken den notwendigen Niederschlag, der auch die einzigartige Pflanzenwelt der Kanareninseln am Leben erhält. Oberhalb der Wolkengrenze scheint im kühlen Nationalpark Teide häufig die Sonne vom strahlend blauen Himmel. Wer sich für seine Ferien Sonne satt wünscht, der wird sich zu jeder Jahreszeit für den Süden entscheiden. Wer gemäßigtes Klima vorzieht oder gerne wandert, der ist im Norden besser aufgehoben.

Je nach Ferienzeiten und Klima der Herkunftsländer strömen die Urlauber zu unterschiedlichen Zeiten auf die Insel. Von Mitte Oktober bis Mitte April stellen Briten, Deutsche und Skandinavier die meisten Besucher. Mitte Juni bis Mitte September sind die Urlaubsmonate der Spanier, in denen sie vor der Hitze im Mittelmeerraum auf das angenehm temperierte Teneriffa entfliehen. Spitzenzeiten im Hinblick auf die Besucherzahlen auf der Insel sind Weihnachten/Neujahr und die Karwoche, die *Semana Santa*, die von vielen Spaniern zu einem Kurzurlaub genutzt wird. Teneriffas Karneval gehört zu den Höhepunkten im Festekalender. Wer in dieser Zeit Ruhe sucht, sollte sich von allen städtischen Zentren fern halten.

Anreise

Mit dem Flugzeug

Nahezu alle deutschen Reiseveranstalter und Charterfluggesellschaften fliegen Teneriffa an. Internationales Drehkreuz ist Tenerife Sur-Reina Sofia (City-code TFS), 60 km südwestlich der Hauptstadt. Einige Chartermaschinen landen auch auf dem nationalen Flughafen Tenerife Norte-Los Rodeos (City-code TFN), 12 km nordwestlich von Santa Cruz. Im Linienverkehr wird Teneriffa mehrfach wöchentlich von deutschen Flughäfen, aber immer über Madrid oder Barcelona angeflogen. Auskünfte über Reisebüros, www.lufthansa.de oder www.iberia.es. Eine Pauschalreise oder einen Flug für die Hauptsaisonzeiten bucht man am Besten sobald die neuen Kataloge und Flugpläne erschienen sind. Außerhalb der Saison kann man auch sehr günstige Flüge ergattern. Es lohnt sich, die Internetseiten der Reise- und Fluggesellschaften regelmäßig zu durchforsten.

Mit dem Schiff

Die Anreise per Bahn/Pkw und Fähre ist nicht nur erheblich zeitaufwändiger, sondern auch wesentlich teurer als mit dem Flieger. Von Cádiz in Südspanien verkehren Fähren der **Companía Trasmediterránea.** Fahrpläne und Preise sind abrufbar unter www.trasmediterranea.es. Generalagent in Deutschland ist: DER TRAFFIC – Schiffsservice, Emil-von-Behring-Straße 2, 60439 Frankfurt, Tel. 0 69/958 85 80-0, E-Mail: ocean24@dertour.de. Weitere Auskünfte und Buchungen sind in den Reisebüros möglich.

Unterwegs auf der Insel

Mit dem Bus

Ein engmaschiges öffentliches Busverkehrsnetz überzieht die Insel. Die modernen Fahrzeuge von **TITSA** steuern alle bedeutenderen Orte mehrmals am Tag an. *Bonotickets* zum Preis von 12 oder 30 € ermöglichen Einsparungen bis zu 50 %. Man bekommt sie in der **Estación de Guaguas** (Busbahnhof) von Santa Cruz, Puerto de la Cruz, La Laguna und Playa de las Américas und in Geschäften, die mit einem Schild *Bono Bus Tarjeta* werben. In den Busbahnhöfen sind außerdem kostenlose Fahrpläne erhältlich; Regionalfahrpläne gibt es bei den Touristinformationen.

Historische Schiffe wie dieser Zweimaster sind für Ausflügler unterwegs

Mit dem Taxi

Taxifahrten sind relativ preiswert. Je nach Tageszeit und Gemeinde müssen Sie mit 1,60–2,40 € Grundpreis und 0,40–0,49 € pro Kilometer rechnen. Bei Überlandfahrten sollte man vorher den Preis erfragen.

Mit dem Mietwagen

Bei den internationalen Verleihern kann man zu Hause vorbuchen. Wer die Konkurrenz vor Ort ausnutzen will, sollte sich in Puerto de la Cruz oder in Los Cristianos/Playa de las Américas umschauen. Bei einer Mietdauer von einer Woche werden Pauschalen ab 140 € angeboten.

⚠ Es besteht Anschnallpflicht; Promillegrenze: 0,5. Abschleppen von privat ist verboten, das Mitführen eines zweiten Warndreiecks und einer reflektierenden Schutzweste Vorschrift. Falschparkern droht Abschleppen und hohes Bußgeld!

Ausflüge zu den Nachbarinseln

Mehrmals täglich bedienen **Flugzeuge** der Regionalgesellschaften Binter (www.bintercanarias.es) und Islas Airways (www.islasnet.com) den Verkehr zwischen den Kanarischen Inseln.

Mehrere **Fährgesellschaften** verkehren zu den Nachbarinseln. Ein Tagesausflug nach La Gomera › S. 55 ist durchaus zu empfehlen. Auskunft und Fahrpläne bekommt man in jedem Reisebüro auf Teneriffa und auf den Internetseiten der Reedereien: www.fredolsen. es, www.navieraarmas.com sowie www.garajonayexpres.com.

Steigen Sie schon von zu Hause via sixt.de/ferien zu günstigen Preisen in Ihren Ferienmietwagen ein.

Special

Unterwegs mit Kindern

Unter Canarios ist es normal, dass die Kinder ihre Eltern auch am Abend begleiten. Wenn sie dann auf Mamas oder Papas Arm einschlafen, ist das kein Grund »Die gehören aber ins Bett« zu tuscheln, sondern ein Zeichen für harmonisches Familienleben. Und gerade weil die Canarios so entzückt sind von Kindern – besonders von kleinen Blondschöpfen – ist der Urlaub auf Teneriffa für Familien ein entspanntes Erlebnis.

Der richtige Standort

Stressfrei wohnen Familien mit Kindern in nierigen Appartement- und Bungalowanlagen. Mit einer eigenen Küche ist der Urlaub auch praktischer und preiswerter als in einem Hotel. Die meisten Unterkünfte haben Kinderbetten, die man mit der Buchung bestellt. Einige deutsche Reiseveranstalter haben sich auf Urlauberfamilien eingestellt und besonders kinderfreundliche Anlagen in die Kataloge aufgenommen. Ferien auf einer Finca mit Garten, vielleicht auch mit Hühnern, Ziegen und Nachbars Esel können für Großstadtkinder zu einem echten Abenteuer werden (Anbieter für restaurierte Fincas, › Turismo rural S. 23).

Mit Kindern essen gehen

Kanarische Restaurants sind üblicherweise auf Kinder eingestellt. Kinderhochstühle oder Zusatzkissen stehen zur Verfügung. Die Lokale bieten neben den großen Portionen für Erwachsene auch halbe Portionen *(media ración)* für den kleinen Hunger an. Für Kleinkinder bringt die Bedienung ohne Murren auch einen Extrateller, und wenn eine Kleinigkeit aufs Tischtuch kleckert, ist das kein Drama.

Mietwagen

Die Mietwagenfirmen verfügen über Kindersitze (Bestellung bei der Reservierung). Schwierig wird es allerdings, wenn die Kinder unternehmungslustiger Eltern ungern Auto fahren. Die viele Kurverei im Gebirge ist nicht für alle Kinder ein Vergnügen.

Feuchter Kuss im Loro Parque

Freizeitspaß

Auch abseits von Strand und Meer bieten sich viele schöne Möglichkeiten zur Freizeitgestaltung mit Kindern – und das ganz ohne Kommerz. Machen Sie es wie die Canarios: Deren liebstes Wochenendvergnügen ist Grillen auf einem der vielen Waldrastplätze. Sie müssen nur Würstchen und Getränke mitbringen, sichere **Grillplätze,** Feuerholz, Tische und Bänke, Wasser, Toiletten sowie Sport- und Abenteuerspielplätze sind vorhanden. Der schönste Picknickplatz in der Nähe von Puerto de la Cruz heißt La Caldera bei Aguamansa im Orotavatal (Buslinie 345). Schöne Plätze im Süden sind Las Lajas an der Straße von Vilaflor in den Nationalpark bei km 58 und ein Platz oberhalb von Chio, an der Straße in den Nationalpark bei km 12,5 (leider keine Busverbindungen).

Große und kleine Entdecker haben viel Spaß an der modernen Schatzsuche. Voraussetzung für das sogenannte **Geocaching** ist ein GPS-Gerät und etwas Praxis bei dessen Handhabung. Mindestens 50 Schätze hat die internationale Geocachergemeinde auf Teneriffa versteckt (Infos unter www.geocaching.de). Wer einen gefunden hat, darf ein Teil aus der Schatztruhe mitnehmen, sollte dafür aber ein anderes kleines Andenken hineinlegen.

In **Themenparks** und bei **Bootstouren** zahlen Kinder üblicherweise den halben Preis.

Die schönsten Themenparks

■ Der **Loro Parque** zeigt nicht nur Tiere, er hat sich auch den Erhalt der exotischen Flora zur Aufgabe gemacht > S. 86.

■ Da freuen sich die Kleinen: Im **Pueblo Chico** können sie die Kanarischen Inseln, Städte und Dörfer im Miniformat betrachten > S. 92.

■ In der tropischen Parklandschaft des **Parque Ecológico Las Águilas del Teide** leben Tiere in weitläufigen Gehegen oder frei, wie z.B. die Kondore > S. 54.

■ Badespaß der Superlative bietet der neu eröffnete **Siam Park** mit tropisch-thailändischem Ambiente > S. 54.

Sport und Aktivitäten

Auf den Kanaren trainieren die Olympiasieger der Segler, die Weltmeister der Surfer und die Tennisprofis. Außerdem radeln und tauchen hier auch ganz normale Freizeitsportler ohne Ambitionen. Im milden Klima der Insel können nahezu alle Outdoor-Sportarten ohne Winterpause betrieben werden. Wenn Sie an mehreren Tagen surfen oder biken möchten, lohnt es sich, die eigene Ausrüstung mitzunehmen. Die Fluggesellschaften transportieren – nach Anmeldung – das Sportmaterial (gegen ca. 50 € Kosten). Eine aktuelle Liste aller Geräteverleiher und Veranstalter vor Ort sowie weitere Informationen gibt es unter www.tenerifenatural.com und www.webtenerife.com. Dort finden auch **Paraglider, Golfer** und **Reiter** Informationen zu ihrer Sportart.

Wind- und Kitesurfen

Das ganze Jahr über liegen die Kanarischen Inseln im Einfluss der *vientos alisios* wie die Passatwinde hier poetisch genannt werden. Sie erreichen die Inseln auf Nordost; entsprechend stellt die Ostküste Teneriffas mit Stärken zwischen 3 Beaufort im Sommer und 8 Beaufort im Winter ein anspruchsvolles Revier dar. Die Urlaubsorte im Süden und Südwesten liegen im Windschatten und sind deshalb für Anfänger besser geeignet.

Die besten Spots für Surfer

Wind- und Kitesurfer finden die besten Plätze bei El Médano:
- **Playa del Médano** › S. 58 ist ideal für Brandungs- und Wellenfreaks.
- An der **Playa La Cabeza** kämpfte schon die Weltelite um Punkte im Grand Slam.
- Die **Playa El Confital** ist nur für absolute Experten.
- Für Wellenreiter eignet sich die Brandung an der **Playa El Socorro** › S. 90 westlich von Puerto de la Cruz (in den Sommerferien mit Kursangeboten).

Der kleine Badeort El Médano an der Südküste hat sich ganz den Surfern verschrieben. Er bietet die perfekte Infrastruktur von Hotels bis zu Surfschulen und Materialverleih. Die besten Spots liegen direkt vor und neben dem Städtchen. Außerhalb des Passateinflusses spielt im Norden Surfen ohne Segel zumindest bei den Einheimischen eine große Rolle.

Wellenreiten

Das Surfen ohne Segel hat unter den Einheimischen genauso viele Anhänger wie das Windsurfen. Die dafür erforderliche lange Brandungswelle gibt es an mehreren Stränden an der Nordküste. Für die geübten einheimischen

Sportler bedeuten die Strömungen dort keine Gefahr, wer die Reviere jedoch nicht kennt, sollte schauen was die Einheimischen machen und niemals allein hinauspaddeln. Für Anfänger reicht vielleicht ein Bodyboard, damit können auch Kinder bei nur wenig Brandung über die Wellen flitzen.

Segeln

Segler, die vor den Kanarischen Inseln kreuzen, können in mehreren Sporthäfen vor Anker gehen. Die größten sind der Puerto de Colón in Playa de las Américas

Dem Passatwind sei Dank!

und der Sporthafen von Los Gigantes. In beiden Häfen sind Segelschulen und Charterfirmen für Katamarane ansässig. Auch wer einfach an einer Segeltour teilnehmen möchte ist dort richtig.

Tauchen

Die vielen Steilküsten machen Teneriffa zu einem interessanten Tauchrevier. Wenn dann noch wie im Süden ruhiges und warmes Wasser hinzukommt, sind ideale Bedingungen gegeben. Teneriffas Unterwasserwelt präsentiert sich nicht ganz so farbenprächtig wie tropische Gewässer. Es ist die Vielzahl an Großfischen, die Begegnungen unter Wasser so spannend machen. Beliebte Tauchspots liegen im Süden, Westen und an der Nordküste. In allen dortigen Ferienorten sind Tauchschulen ansässig, die Tauchgänge organisieren und die notwendige Ausrüstung verleihen.

Auf eigene Faust unterwegs

Wandertouren auf Teneriffa führen häufig über längere Strecken durch unbewohnte Naturparks. Deshalb sollten Sie folgende Regeln beachten: Gehen Sie nie alleine und immer mit einer aktuellen Wanderbeschreibung und Karte; beginnen Sie eine mehr als zweistündige Wanderung immer bereits am Vormittag. Auch die Ausrüstung muss stimmen: Tragen Sie Wanderstiefel mit gutem Profil und eine Kopfbedeckung; packen Sie außerhalb der Sommermonate eine Regenjacke in den Rucksack; nehmen Sie ausreichend Wasser (mind. 1,5 Liter pro Person) und Verpflegung mit. Im Notfall leistet ein Mobiltelefon gute Dienste (Tel. 112).

Radfahren

Mountainbiker kommen auf Teneriffa voll auf ihre Kosten. Geführte Biketouren und Beratung bietet **DIGA-Sports** in Playa de las Américas an. Dort können sich Urlauber, die auf eigene Faust losradeln wollen auch Fahrräder ausleihen: Avda. R. Puig 23 (Hotel Park Club Europe), Tel. 922 79 30 09, www.diga-sports.de. In Puerto de la Cruz hat **Mountainbike Active** ein vergleichbares Angebot: Calle Mazaroco, Haus Daniela, Tel. 922 37 60 81, www.mtb-active.com.

Wandern

Abwechslungsreiche Landschaften mit markanten Gebirgszügen, vielfältige Vegetation, liebliche Täler, reizende Dörfer und nicht zuletzt seine Majestät der Teide schaffen so unterschiedliche Wandergebiete, dass ein Urlaub kaum ausreichend ist, um alle kennen zu lernen. Die Wege bieten Herausforderungen für geübte Wanderer oder bequeme Promenaden am Berghang entlang, für diejenigen, die ein Naturerlebnis ohne Anstrengungen vorziehen. Schon bald hinter den Städten und großen Urlauberzentren beginnen Wanderwege, auf denen es bisweilen richtig einsam ist. Die bekannteren Touren werden häufiger begangen.

Wer organisiert wandern möchte hat mehrere Möglichkeiten. Die Verwaltung des Teide-Nationalparks gibt zweimal wöchentlich eine kostenlose Einführung (in Englisch) in Fauna und Flora, verbunden mit einer Wanderung bzw. einer Busfahrt durch die Cañadas (Anmeldung unter Tel. 922 29 01 29). In allen Ferienorten gibt es Wanderveranstalter, die je nach Tour und Anfahrt pro Wanderung und Person 20–60 € verlangen. Informationen zu den Programmen liegen in den Hotels und den Büros der Touristeninformation aus.

Die schönsten Wanderungen

- Im Süden: **Durch den Barranco del Infierno,** leicht, 3–4 Std., › S. 60.
- Im Tenogebirge: **Durch die Schlucht von Masca,** mittelschwer, 3,5–4 Std., › S. 73.
- Im Norden: **Panoramaweg über dem Orotavatal,** mittelschwer, 4,5 Std., › S. 91.
- Im Anagagebirge: **Zum Höhlendorf Chinamada,** leicht, 2,5 Std., › S. 126.
- Im Nationalpark: **Auf den Gipfel des Teide,** schwer, Aufstieg ca. 4,5 bis 5,5 Std., zweitägige Wanderung, › S. 135.

Golf

Sieben neue Golfplätze haben sich in den letzten Jahren zum Traditionsplatz El Peñon gesellt – die Tourismusverantwortlichen konzentrieren sich immer mehr auf Luxusreisende. Die neuen Plätze liegen im Süden bei Los Cristianos/Playa de las Américas und an der Costa de Silencio, im Norden bei Puerto de la Cruz und bei Buenavista del Norte.

Strandvergnügen in Schwarzweiß

Mehr als 100 kleine und große Strände reihen sich rund um Teneriffa, etwa 30 davon sind empfehlenswerte Badeplätze. Die meisten weisen dunklen, grauen oder schwarzen Sand auf – typisch für eine Vulkaninsel, aber dennoch fremdartig. Die Gemeinden ließen deshalb an vielen Hauptstränden Sand aus der Sahara aufschütten. Der hellste, goldgelbe und zugleich längste Naturstrand liegt vor El Médano. Den fast weißen Sand für ihren Lieblingsstrand Playa de las Teresitas (bei Santa Cruz) haben die Hauptstädter ebenfalls aus der Sahara herüberschaffen lassen.

Meerwasser-schwimmbecken

Weil sich an der Nordküste das Meer im Winter häufig zu stürmisch für Schwimmer gebärdet, bauten die Gemeinden Meerwasserbadeanlagen. Schlichte, wie in **Punta del Hidalgo,** oder aufwändige, wie der vom bekanntesten kanarischen Künstler, César Manrique, genial mit Badeseen, Inseln

Badeplätze à la carte

■ **Familienfreundlich:** Feinsandig und flach abfallend sind alle Strände im Süden/Südwesten, im Osten bei San Andrés und in El Médano im Ortsbereich. Die Badeanlagen im Norden und Westen haben Kinderbecken. Wegen der Strömung und Brandung an den dortigen Stränden können diese für kleinere Kinder nicht empfohlen werden.

■ **Brandungsbaden:** Bei El Médano im Südosten und im Sommer östlich von Puerto de la Cruz an der Nordküste.

und Wasserfällen gestaltete **Lago Martíanez** in Puerto de la Cruz. Weitere Becken gibt es in **Garachico, Mesa del Mar, Los Silos** (Ortsteil Parque Silva) und an der **Playa Arena** westlich von Buenavista Norte.

Blaue Flaggen

Als Auszeichnung für hohe Umweltstandards und gute Strandleistungen vergibt der zuständige EU-Kommissar jedes Jahr blaue Flaggen. Bewertet wird die Wasserqualität, Sauberkeit des Sandes und die Pflege der Einrichtungen, z.B. der Duschen. Im Jahr 2009 durften folgende Strände das begehrte Tuch hissen: die **Playa Las Vistas** (im Süden), die **Playa de la Arena** (im Westen), in Adeje die **Playa Fañabé, Troya I** - und **Troya II**, die **Playa Jardín** (Puerto de la Cruz), **Playa La Arena** (Tacoronte), die beiden Sandstrände von **El Médano** und die **Playa El Socorro** von Los Realejos (Infos unter www.blueflag.org).

Warnflaggen

In den Wintermonaten entwickelt der Atlantik besondere Kraft – gefährlich können neben der hohen Brandung auch Unterströmungen wirken. An abgelegenen Stränden ohne Molen, Rettungswacht und Beflaggung sollten Sie besonders vorsichtig sein und im Norden in den Wintermonaten lieber auf Pools ausweichen.

- **Grüne Flagge:** keine Gefahr.
- **Gelbe Flagge:** Baden nur für geübte Schwimmer.
- **Rote Flagge:** absolutes Badeverbot.

Ruhe am Strand

Nicht jeder freut sich über direkte Nachbarschaft am Badelaken. Viel Platz bleibt am Südende des Strandes bei **El Médano,** den man problemlos mit dem Bus erreichen kann. Im Süden schließt sich die bisher nur von Einheimischen genutzte Playa La Tejita an. Einen Tagesausflug lohnt der Naturstrand **Playa del Roque** mit Felsenkulisse, in herrlicher Lage unterhalb von Taganana im Anagagebirge. In einer der urigen Fischerkneipen legt man Ihnen nach dem Bad gern ein frisches Fischfilet oder Tunfisch-Kotelett auf den Grill. Für diesen Ausflug lohnt sich ein Leihwagen, ein Bus fährt achtmal täglich ab/nach Santa Cruz.

Unterkunft

Hotels und Appartements

Für Pauschaltouristen ist die Auswahl an Unterkünften vor allem im gehobenen Segment riesig, für Individualreisende in der Hochsaison in den Urlauberhochburgen dagegen erheblich eingeschränkt. Abseits der touristischen Zentren sieht die Situation ganz anders aus. Dort stehen Hotels und Apartmenthäuser häufig noch nicht fest mit Tourismuskonzernen in Vertrag. Mieten kann man direkt per Telefon oder Internet, vor Ort durch Nachfrage oder auch mit Hilfe der Touristeninformation. Bei den Spanischen Fremdenverkehrsämtern › S. 138 ist ein Verzeichnis aller Unterkünfte erhältlich, online unter www.webtenerife.de.

Urlaub im Landhausstil

Eine individuelle Alternative für einen komfortablen Urlaub bieten private Fincas und für Gäste hergerichtete Bauernhäuser, meist herrlich ruhig im grünen Hinterland gelegen. Viele firmieren unter **Turismo Rural** – ländlicher Tourismus. Die Bandbreite reicht von kleinen, einfachen Bauernhäusern für 2–4 Personen über elegante Gutshäuser für die Großfamilie bis zum anspruchsvollen Landhotel mit Reitstall und Tennisplatz.

Anbieter in Deutschland sind die Hamburger Agentur von **Karin Pflieger** (www.la-palma-turismo-rural.de, Häuser auf allen Kanarischen Inseln), **Las Islas Reisen** (www.las-islas-reisen.de) und **Fincaselection** (www.fincaselection.com). Zwei Organisationen teilen sich die Belegung der Häuser vor Ort: **Aecan** (Alojamient en Canarias, Calle Villalba Hervás 2, 3. Etage, 38001 Santa Cruz de Tenerife, Tel. 922 24 81 14, www.aecan.com) und **ATTUR** (Asociación Tinerfeña de Turismo Rural, C. Castillo 41, oficina 231, 38002 Santa Cruz de Tenerife, Tel. (00 34) 922 53 27 33, www.ecoturismocanarias.com).

Landhotels mit Flair

■ Inmitten einer Avodaco-Farm liegt die edel im Kolonialstil eingerichtete **Finca Salamanca, Carretera Güimar–El Puertito 1,5 km, Tel. 922 51 45 30-31, www.hotelfincasalamanca.com.** ●●

■ Fein logiert man auch im **Hotel Patio,** dem alten Gutshaus der Grafen Ponte östlich von Garachico am Meer › S. 77.

■ Absolute Entspannung bietet das **Hotel SPA Villalba** oberhalb von Spaniens höchstem Dorf Vilaflor mitten in einem Pinienwald › S. 62.

■ In wunderschöner Alleinlage versteckt sich das kleine **Landhotel El Nogal** in einem großen Garten nahe Vilaflor, **Camino Real, La Escalona–Vilaflor, Tel. 922 72 60 50, www.hotelnogal.com.** ●●

Land & Leute

Steckbrief][Geschichte im Überblick][
Natur und Umwelt][Kunst und Kultur][Feste
und Veranstaltungen][Essen und Trinken

Steckbrief

Teneriffa

■ zur afrikanischen Westküste
330 km
■ nach Cádiz (Spanien) 1350 km
■ nach Frankfurt/Main 3300 km
Amtssprache: Spanisch
Landesvorwahl: 0034
Währung: Euro
Zeitzone: MEZ -1 Std.

Fläche: 2057 km²
Höchster Berg: Pico del Teide
(3717 m)
Einwohner: ca. 899 000 (Santa Cruz:
220 000, La Laguna: 144 000, Puerto
de la Cruz: 45 000)
Hauptstadt: Santa Cruz de Tenerife
Touristen: etwa 5 Mio. pro Jahr
Entfernungen:
■ nach La Gomera 30 km
■ nach Gran Canaria 63 km

Lage

Teneriffa ist die größte der Kanarischen Inseln. Die Kanaren liegen vor der Westküste Afrikas auf derselben geografischen Breite wie Marokko, politisch gehören sie zu Spanien. Der Archipel umfasst im Osten Lanzarote, Fuerteventura und Gran Canaria, im Westen Teneriffa, La Gomera, La Palma und El Hierro.

Politik und Verwaltung

Innerhalb des spanischen Staatsverbands bilden die Kanarischen Inseln eine autonome Region. Sie verfügen über mehr Unabhängigkeit (z.B. Freihandelszone) als andere Regionen Spaniens. Die althergebrachte Rivalität zwischen Teneriffa und Gran Canaria erforderte einen Kompromiss bei der

Wahl des Regierungssitzes: Für jeweils eine Legislaturperiode alterniert er zwischen Santa Cruz de Tenerife und Las Palmas de Gran Canaria. Das kanarische Parlament tagt jedoch ausschließlich in Santa Cruz. Nach der Rückkehr zur Demokratie wurden von einer kleinen Separatisten-Gruppe Forderungen nach einem unabhängigen kanarischen Archipel laut. Bei den Wahlen blieben sie aber immer unter 1 % der Wählerstimmen. 1993 entstand mit der *Coalición Canaria* ein buntscheckiges Bündnis aus

Kommunisten, Nationalisten und Separatisten, die kanarische Interessen weder in der damaligen Regierungspartei, der sozialdemokratischen PSOE, noch in der PP, der konservativen Volkspartei, vertreten sehen. Bei den Wahlen 1999 und 2003 wurde die CC jeweils stärkste Fraktion im kanarischen Parlament. 2007 war zwar die PSOE am stärksten, dennoch bildet eine Koalition aus CC und PP die Regierung.

Bevölkerung

Laut Statistik zählte man 2009 exakt 899 833 Einwohner auf Teneriffa. Davon lebten knapp 60 % im Ballungsgebiet von Santa Cruz und La Laguna. Zusätzlich halten sich übers Jahr im Schnitt rund 140 000 Touristen und ausländische Langzeitresidenten auf der Insel auf.

Die einheimische Bevölkerung spiegelt in ihrer Zusammensetzung die Geschichte des Archipels wider. Die Mehrheit sind Nachfahren der spanischen Eroberer und der hispanisierten Guanchen, der vorspanischen Bevölkerung. Am Kolorit der Alteingesessenen haben alle Handels- und Seefahrernationen Europas ihren Anteil. Unter den Minderheiten fallen Kaufleute aus arabischen Ländern, dem Vorderen Orient, aus Afrika und Indien auf.

Die meisten Einwohner bekennen sich zum römisch-katholischen Christentum, allerdings geht die Bedeutung der katholischen Kirche im gesellschaftlichen Leben zurück.

Wirtschaft

Im Lauf der Jahrhunderte löste eine Monokultur die andere ab. Der Zuckerrohranbau verschaffte den Grundbesitzern enorme Gewinne. Sein Niedergang erfolgte 50 Jahre später durch die Konkurrenz von den Antillen und aus Brasilien. Neues Hauptexportgut wurde Wein. Mitte des 19. Jhs. vernichteten Faulschimmel und Mehltau die Rebstöcke. Die folgende wirtschaftliche Katastrophe zwang viele *Tinerfeños* zur Auswanderung, v.a. in die spanischen Überseekolonien. Zur Belebung des Handels und der Wirtschaft wurden die Kanaren ab 1852 Freihandelszone. Ende des 19. Jhs. begann der Bananenanbau. Bis heute sind Bananen wichtigstes Exportgut. Zur Erweiterung der landwirtschaftlichen Exportpalette tragen die Wiederbelebung der Qualitätsweinproduktion sowie der Tomaten- und Blumenanbau bei.

Den Kanaren ist es gelungen, ihren Sonderstatus als Freihandelszone 1985 in die Europäische Union zu retten. Ziel der kanarischen Politiker ist es, die Inseln zu einem Offshore-Handelsdrehkreuz zwischen den Kontinenten Europa, Afrika und Amerika auszubauen.

Wichtigster Wirtschaftszweig ist der Dienstleistungssektor mit einem Anteil von 75 % am Bruttosozialprodukt. Dabei spielt der Tourismus, der um 1960 mit dem ersten Charterflugzeug begann, mit rund 5 Mio. Urlaubsgästen pro Jahr die Hauptrolle.

Geschichte im Überblick

Historie im Bereich der Spekulation

Nach dem heutigen Stand der Wissenschaft erfolgte die erste Besiedlung Teneriffas bis zur Mitte des 1. Jahrtausends v. Chr. Bei den antiken Schriftstellern Homer, Hesiod und Platon finden sich bestimmte topografische Daten, die mit den Kanarischen Inseln in Bezug gebracht werden.
25 v. Chr. König Juba II. von Numidien und Mauretanien lässt nach einem Bericht Plinius d. Ä. die Kanaren erforschen.
Um 200 n. Chr. Ptolemäus zieht den Nullmeridian durch El Hierro als letzter Insel am Rand der Welt.

Die Kanaren werden neu entdeckt

Ab 1312 Der Genueser Lancilotto Malocello entdeckt durch Zufall die östlichen Kanaren wieder. Es erfolgen erste Einträge auf Landkarten und Atlanten (1375 von Teneriffa).
1341 Die Erwähnung von kanarischem Beutegut (Sklaven, Ziegenfelle, Talg u.a.) im »Manuskript des Boccaccio« zieht Raubzüge durch genuesische, katalanische, mallorquinische und baskische Seeleute nach sich.
1344 Papst Clemens VI. belehnt Luís de la Cerda, einen Urenkel Alfons' X. von Kastilien, gegen den jährlichen Tribut von 400 Gulden mit den Kanaren.

Von der Eroberung bis zur europäischen Integration

1402–1496 Die Kanarischen Inseln werden erobert. Den Anfang macht Jean de Béthencourt, ein normannischer Landedelmann, mit Lanzarote, Fuerteventura und El Hierro. Spätere Streitigkeiten über die Besitzansprüche zwischen Portugal und Spanien entscheidet der Papst zugunsten Spaniens. Nach der Niederlage von Matanza de Acentejo gelingt es Alonso de Lugo 1496 in drei weiteren Feldzügen, die von einer Pestepidemie dezimierten Guanchen von Teneriffa zu besiegen.
1657 und 1706 Eroberungsversuche britischer Flotten scheitern.
1723 Santa Cruz de Tenerife löst La Laguna als Hauptstadt des Kanarischen Archipels ab.
1797 Admiral Nelson erleidet vor Santa Cruz die einzige Niederlage seiner Karriere.
1799 Alexander von Humboldt macht auf Teneriffa Halt und besteigt den Teide.
1817 In La Laguna wird die erste dauerhafte Universität der Kanaren gegründet.
1852 Die wirtschaftliche Misere der Kanaren bewegt Isabella II. dazu, die Inseln zur Freihandelszone zu erklären.
1912 Beschränkte Selbstverwaltungsgremien (Cabildos Insulares) werden auf den Inseln eingerichtet.

1927 Aufteilung der Kanaren in zwei Provinzen: Santa Cruz de Tenerife wird Hauptstadt der westlichen, Las Palmas de Gran Canaria der östlichen Provinz.
1936 Der Spanische Bürgerkrieg nimmt von Teneriffa aus seinen Anfang, da Franco als Militärgouverneur der Kanaren hier am 17. April zum Putsch aufruft.
1978 Spanien gibt sich eine demokratische Verfassung.
1982 Die Kanaren werden Autonome Region.

1986 Spanien tritt der EG bei. Die Kanaren behalten einen Sonderstatus als Freihandelszone.
2007 Nach den Wahlen stellt eine Koalition zwischen der Coalición Canarias und dem konservativen Partido Popular die Regierung. Der Teide-Nationalpark wird UNESCO-Weltnaturerbe.
2008 In Santa Cruz wird die Plaza España umgestaltet.
2010 Eröffnung der weltweit ersten bioklimatischen Siedlung bei El Médano (CO_2-emissionsfrei).

Rätselhafte Guanchen

Die Herkunft der Urbevölkerung Teneriffas gibt Rätsel auf. In den Reiseberichten der spanischen Eroberer wurden die Guanchen als blond und hellhäutig beschrieben. Inzwischen weiß man, dass es sowohl blonde als auch dunkelhaarige Typen gab. Vermutlich kamen sie in mehreren Siedlerwellen sowohl aus Nordwestafrika als auch aus dem atlantischen Raum des europäischen Kontinents. Guanchen nannten sie sich selbst nur auf Teneriffa. In ihrer Sprache bedeutet der Begriff schlicht »Mensch von Teneriffa«.

Über das Leben der Urbevölkerung ist mehr bekannt. Sie lebten auf der Entwicklungsstufe der Jungsteinzeit und ernährten sich von Viehzucht, Getreideanbau, Früchten und Beeren, Schnecken und Fischen. Brot kannten die Guanchen nicht. Sie rösteten das volle Korn, mahlten es und verrührten es zum Verzehr mit Flüssigkeit. *Gofio* hieß diese vollwertige Speise, die noch heute zu den Grundnahrungsmitteln der Canarios zählt.

Zur Zeit der Eroberung gab es auf Teneriffa neun Stämme. Ihr gewählter Vertreter war Bencomo vom Stamm der Taoro aus dem Orotavatal. *Mencey*, Stammesfürst oder Angehöriger der edlen Beraterrunde, wurde ein Guanche nicht durch Geburt sondern nur durch beispielhaftes Verhalten.

Den spanischen Eroberern widersetzten sich die Ureinwohner mit Steinen und Stecken. 1496 kapitulierte Teneriffa als letzte Insel im Archipel. Tausende Guanchen wurden als Sklaven entführt, andere entzogen sich einem Leben ohne Freiheit durch Hungerstreik und Todessprung von den Klippen. Spuren der Überlebenden findet man noch heute in den Gesichtern mancher Inselbewohner, insbesondere in den abgelegenen Dörfern. Fragt man die Canarios, so hört man allerorten, dass sie sicher Nachfahren der Guanchen seien.

Buch-Tipp **Der König von Taoro** von Horst Uden und **Auf den Spuren der Ureinwohner** von Harald Braem, Zech Verlag, Teneriffa.

Natur und Umwelt

Umweltschutz als Staatsaufgabe

Canarias, Naturaleza Cálida – »Kanarische Inseln, milde Natur« und nicht etwa »Sonne und Strand« lautet der offizielle Werbeslogan der Inselgruppe. Dieses Motto zeigt, welche überragende Bedeutung die kanarische Regierung der Natur als touristisches Potenzial beimisst. Wie eine Untersuchung des Studienkreises für Tourismus ergab, legt nahezu die Hälfte der deutschen Urlauber Wert auf aktive Maßnahmen zum Umweltschutz am Urlaubsort. Bei der Entscheidung für Teneriffa als Urlaubsort spielt seine natürliche Schönheit und die üppige Vegetation eine wichtige Rolle. Um sie zu erhalten, hat das kanarische Parlament in den letzten 22 Jahren eine Gesetzesserie zum Schutz von Natur und Umwelt verabschiedet. Seither stehen 46 % der Oberfläche Teneriffas und das Meer vor seinen Küsten unter Naturschutz. Andere Gesetze dienen dem Erhalt von Flora und Fauna und unterstützen alternative Energien. Die Einhaltung dieser Gesetze wird mit Nachdruck verfolgt.

Leben auf dem Vulkan

Nur ganz oben auf dem Gipfel des Teide ist der Boden noch spürbar wärmer. Indizien für Teneriffas vulkanischen Ursprung findet man aber allerorten: an den vielen Stränden mit dunklem Vulkansand, an den jungen Lavaströmen im Westen und am deutlichsten im Nationalpark Teide im Inselzentrum. Hier treffen vielfältige vulkanische Formen und Materialien zusammen: der Krater des **Pico del Teide**, die Wände der beiden Riesenkrater, die ihn als Bergring umschließen, bizarre Vulkanflüsse, mit lockerem Tuff bedeckte Ebenen, aus denen Vulkanschlote ragen.

Die Kanaren sind unter Wasser entstanden. Mit zahlreichen Eruptionen bauten sich unterseeische Vulkane auf und durchstießen die Wasseroberfläche, um dann die Inseln zu vergrößern. Geologen gehen davon aus, dass nur 8,5 % des Inselvolumens über den Meeresspiegel ragt. Das Inselzentrum ist dabei der jüngste Teil. Den Ursprung Teneriffas bildeten drei kleine Vulkaninseln, die vor rund 15 Millionen Jahren ihre Spitzen aus dem Meer streckten: das heutige Anagagebirge, das heutige Tenogebirge und die Zone im Süden rund um den Barranco del

Spaniens Höchster

Mit dem 3717 m hohen **Pico del Teide** besitzt Teneriffa nicht nur die höchste Erhebung der Kanarischen Inseln, sondern ganz Spaniens. Von seiner Spitze aus kann man bei ganz klarem Wetter den gesamten Archipel überblicken.

Der Teide-Natternkopf blüht ab Anfang Juni in den Cañadas

Infierno. Etwa 10–12 Millionen Jahre später schob sich bei tektonischen Bewegungen die Cumbre Dorsal nach oben. Etwa gleichzeitig wuchsen an der Stelle des heutigen Nationalparks zwei mächtige Krater aus dem Meer und vereinten damit die drei Inseln. Die beiden Krater stürzten später in sich zusammen, übrig blieb der Gebirgsring, aus dessen Mitte der Teide vermutlich aus einem der alten Schlote wächst. Experten sind nach Vermessung der Kraterreste zu dem Ergebnis gekommen, dass der Ursprungsvulkan 7000 m hoch war!

Kanarenflora

In den Parks und Gärten der Inseln leuchtet eine üppige Blütenpracht. Die dortigen Pflanzen kommen jedoch nur selten aus Teneriffa, sondern aus aller Herren Länder. Die einheimische Pflanzenwelt zeigt sich überwiegend dezenter, exklusiver und gleichzeitig vielfältiger. Für die

Endemische Pflanzen

1300 Pflanzen sind auf Teneriffa heimisch. 320 von ihnen wachsen nur auf den Kanaren, Madeira und den Kapverden, dem sog. Makaronesischen Raum. 130 gedeihen ausschließlich auf Teneriffa. Einige Pflanzen gibt es nur an ein oder zwei Stellen auf der Insel, wie die besondere Vegetation des Nationalparks (❯ S. 132) und ein rot blühendes Wolfsmilchgewächs, das in freier Natur nur im Barranco del Infierno und im Tenogebirge vorkommt.

Buch-Tipp **Die Kosmos Kanarenflora** von Peter und Ingrid Schönfelder, Franckh-Kosmos Verlag.

Der Drachenbaum galt den Ureinwohnern als heilig

Einzigartigkeit der kanarischen Flora sorgte die isolierte Lage der Inseln. Als Inselgruppe, die nie eine Landverbindung besaß, konnten sich im Archipel Pflanzen entwickeln, die sich von denen auf den Kontinenten unterscheiden. Die letzte Eiszeit begrub Europa unter Gletschern und vernichtete die ehemals subtropische Vegetation des Tertiärs. Auf den kanarischen Inseln überlebten Farne, Lorbeerwälder und Drachenbäume.

Für Teneriffas Pflanzenvielfalt sorgen seine extremen Höhenunterschiede und seine Hauptwetterlage, der Nordostpassat. Sie schaffen ganz unterschiedliche Klima- und damit **Vegetationszonen**. Heiße Halbwüsten liegen unweit von warmen Nebelurwäldern, wohl temperierte Pinienwälder gehen in eine hochalpine Landschaft über. Jede Zone ist geprägt von ihrer eigenen Vegetation, mit Pflanzen, die sich an die jeweiligen Bedingungen angepasst haben.

Fauna

Teneriffas Tierwelt ist weniger artenreich. Bis auf Fledermäuse wurden alle Säugetiere eingeführt. Geflügelte Tiere und Echsen haben den Weg von Afrika und Europa alleine gefunden. Hier wie dort gibt es Raub- und Singvögel, von denen einige Besonderheiten ausgebildet haben. Der Stammvater des Kanarienvogels in der Natur ist eher unscheinbar Gelb, Grau und Grün und trällert auch nicht unentwegt. Wenn es im Gebüsch raschelt, tummeln sich dort wahrscheinlich flinke Eidechsen (*largatos*), die ein Stück Banane oder Apfel nicht verschmähen. Ihre Verwandten, die Geckos verlassen am Abend ihr Versteck und huschen auf Insektenfang gern über die Zimmerwände. Gefährliche Begegnungen mit der Tierwelt sind auf Teneriffa auch auf einsamen Bergpfaden nicht zu erwarten: Es gibt keine Schlangen, Skorpione oder wilden Raubtiere, höchstens einmal einen verirrten Jagdhund.

Im Meer geht es bunter zu. Mehr als 20 Walarten, Delfine, aber auch Mantas und Haie leben in den kanarischen Gewässern. Die Fische sieht man gerne durch die Taucherbrille oder – wie Seezunge und Dorade – auch auf dem Teller.

Kunst und Kultur

Architektur

Nach der Eroberung ließen die neuen Machthaber von den damaligen Architekten Spaniens, meist getaufte Mauren, Amtsgebäude, Kirchen und Landhäuser errichten. Ihr Stil wurde so zum kanarischen Baustil. Zu seinen wichtigsten Elementen gehören dicke, in Trockenbauweise (ohne Mörtel) errichtete und verputzte Natursteinmauern. Unverputzte Mauerkanten, aufwändige Holzarbeiten an Fenstern, Türen, Decken (insbesondere in den Kirchen) sowie auffällige Balkone, meist aus dem dunklem Kiefernkernholz Tea, sind häufige Merkmale. Nahezu alle Großbauten verfügen über blumengeschmückte Innenhöfe *(Patios)*. Beispielhaft dafür sind die Häuser im historischen Zentrum von La Orotava. Edle Patios findet man auch im alten Stadtkern von La Laguna. Auch moderne öffentliche Bauten und Hotels schmücken sich heute wieder gerne mit kanarischen Stilelementen.

Die für Kirchen eher schlichte Bauweise auf der Insel wird im Inneren häufig mit prunkvollen Altaraufsätzen *(retablos)* kompensiert. In Garachicos Santa-Ana-Kirche kann man die Anfänge der tinerfenischen Retabelkunst studieren. In La Laguna und Garachico fallen auf den Klostergebäuden vergitterte Holzsöller auf. Von diesen typisch maurischen Auslugen *(azoteas)* durften weltabgewandte Mönche und Nonnen einen scheuen Blick auf das Leben der geschäftigen Straße wagen.

Im Laufe der Jahrhunderte wurden Gebäude in allen jeweils vorherrschenden Stilrichtungen erreichtet. Wer ein Faible für Jugendstilgebäude hat, sollte sich in die Hauptstadt aufmachen. Im Rambla-Viertel von Santa Cruz findet man noch schöne Vertreter dieser Epoche, während im Geschäftsviertel viele historische Gebäude der Moderne weichen mussten.

Musikalische Folklore

Mit Rückwanderern aus Venezuela und Kuba kamen lateinamerikanische Rhythmen auf die Kana-

Typisch kanarischer Balkon

Keine Volksmusik ohne Timple

ren. Obgleich Samba, Salsa und Merengue beim Karneval und in der Fiestanacht lautstark dominieren, sind die vergleichsweise ruhigen Weisen der kanarischen Volksmusik ausgesprochen beliebt. Sie sind Teil der Identität, die stolz und selbstbewusst vorgetragen wird, ob im Familien- und Freundeskreis oder den großen und kleinen Fiestas. Die unterschiedlichen Wurzeln der Musik verraten einiges über die Herkunft der Insulaner. Unverkennbar sind melancholische portugiesische Melodien, überraschende arabische Anklänge (die den Einwanderern aus Andalusien zu verdanken sind), selbst europäische Weisen wie die Polka haben Eingang in die hiesige Musik gefunden. Der Gesang ist häufig rau und kehlig; begleitet wird vorwiegend mit Saiteninstrumenten. Das charakteristischste unter ihnen ist die viersaitige Laute *Timple;* die kleine Gitarre mit einem buckeligen Resonanzkörper wird scherzhaft auch *Camelillo* (»Kamelchen«) genannt.

Die bekannteste Volksmusikgruppe ist **Sabadeños** aus Punta del Hidalgo, deren MCs und CDs man in Buch- und Musikläden kaufen kann.

Kunsthandwerk

Das bekannteste Handwerksprodukt der Insel sind die **Spitzendecken.** Trotz der Konkurrenz aus China werden sie auch heute noch hergestellt. Im Süden, vor allem in Vilaflor, überwiegen **Rosetas** und Lochstickereien. Aus mehreren hauchzarten, in vielen Varianten gestalteten Rosetten werden Deckchen bis zu Tischplattengröße gefertigt. Der Norden, insbesondere La Orotava, ist für die Hohlsaumstickerei bekannt.

Im Plastikzeitalter hat es die Töpferei schwer. Nur noch in La

---

Echt gut!

Kunsthandwerk und Mitbringsel

Orotava ist mit Abstand der beste Ort für den Einkauf von Kunsthandwerk und Mitbringseln. Hier hat man eine größere Auswahl als anderswo und das Herumstöbern lässt sich mit Besichtigungen verbinden, denn die Geschäfte liegen in den schönsten historischen Gebäuden der Stadt. Anfang September lockt auch die Kunsthandwerksmesse »Pinolere«.

■ **Casa de los Balcones,**
C. San Francisco 3 › S. 94
■ **Casa de la Alfombra/Casa del Turista,** gegenüber der Casa de los Balcones › S. 94
■ **Casa Torrehermosa,**
C. Tomás Zerolo 27 › S. 95

Ringen nach uralten Regeln, das ist der Lucha Canaria

Victoria de Acentejo und Arguayo werden **keramische Gefäße** auf herkömmliche Weise hergestellt. In Santa Cruz de Tenerife gibt es ein Schulungsprogramm »Töpfern ohne Töpferscheibe« im Centro Ocupacional San José Obrero (Calle Marisol Marín, 5).

Dort, wo Teneriffa seinen ländlichen Charakter am deutlichsten bewahrt hat, ist noch immer die **Korbflechterei** zu Hause. Neuerdings wird in malerischen Orten wie Masca und Taganana, die Tagesausflügler anziehen, wieder verstärkt geflochten. Die niedlichen Minikörbchen fürs heimische Regal verkaufen sich gut als Souvenir. Die Produkte werden auch in den Fachgeschäften der Kooperative **Artenerife** (www.artenerife.com) verkauft.

Lucha Canaria

Dieser bei den Einheimischen äußerst beliebte Ringkampf (es gibt Männer- und Frauenriegen) unterscheidet sich von allen anderen bekannten Ringkämpfen. Er soll auf die kanarische Urbevölkerung, die Guanchen, zurückgehen. Es treten zwei Teams von je zwölf Einzelkämpfern gegeneinander an. Ein Kampf dauert bis zu drei Runden von jeweils max. zwei Minuten, in denen der Gegner zu Boden gebracht werden muss. Gewichtsklassen gibt es dabei nicht. Der Lucha Canaria hat in der ersten Jahreshälfte Saison, als kanarischer Traditionssport sind Showkämpfe auch Bestandteil der typisch kanarischen Fiestas. Die Ringkämpfe der 1. Profiliga werden in TV2 direkt übertragen. Informationen der Federación Tinerfeña de Lucha Canaria in La Laguna: www.federaciondeluchacanaria.com

Feste und Veranstaltungen

Eine kanarische Fiesta zieht sich über mehrere Tage und Nächte hin. Meistens gibt es für die Feierlichkeiten einen religiösen Anlass, etwa eine *Romeria,* bei der eine Heiligenfigur – meist der Schutzpatron des Ortes – durch das Dorf oder die Stadt getragen wird. Begleitet wird der Umzug von Trachtengruppen und geschmückten Wagen. Statt Kamellen werden *papas arrugadas* mit *mojo* (❯ S. 38) verteilt und Wein an die Zuschauer ausgeschenkt. Auch Feuerwerksspektakel dürfen nicht fehlen. Gut besuchte Messen lassen zwar noch den sakralen Charakter der Veranstaltung erkennen, den populären Höhepunkt des Festes bilden jedoch Rummel und Tanz auf der mit bunten Wimpeln und Girlanden dekorierten Plaza. Ab Mitternacht tanzen Jung und Alt auf der Plaza Merengue, Cumbia und Salsa.

Festekalender

Januar: Am Vorabend des 6. Januar **Einzug der Heiligen Drei Könige** in den Städten. Am nächsten Morgen findet die in anderen Ländern an Weihnachten gebräuchliche Bescherung in den Familien statt.

Ende Februar/Anfang März: Der **Karneval** tobt besonders in den Städten Santa Cruz und Puerto de la Cruz.

Ende März/April: In allen Orten **Umzüge in der Karwoche** *(Semana Santa),* insbesondere am Karfreitag. Am eindrucksvollsten sind die Prozessionen in La Laguna.

Mai: **Maifest** in Santa Cruz am Monatsanfang. Besonders aufwändige **Romerias zu Ehren von San Isidro** (Schutzpatron der Bauern) Mitte Mai in Orotava, Los Realejos und Granadilla.

Juni: Fronleichnamsprozessionen mit Teppichen aus Blüten und verschiedenfarbigem Vulkansand, besonders aufwändig und sehenswert in La Orotava.

Juli: Zahlreiche **Feste zu Ehren des jeweiligen Ortspatrons** (z.B. in Puerto de la Cruz und La Laguna).

August: 14./15. Aug. – **Wallfahrt zur Schutzpatronin des Archipels** in Candelaria; 16. Aug. – **Romería de San Roque** in Garachico.

September: Festival des Drago Milenario in Icod de los Vinos; am 14. Sept. **Fiesta del Santísimo Cristo** in La Laguna und Tacoronte.

Dezember: Am 24. Dez. **Christmette** mit anschließendem Feuerwerk in allen Gemeinden; am 31. Dez. **Silvesterfeiern** mit Feuerwerken.

Essen und Trinken

Die Canarios lieben es deftig: eine dicke Suppe, würziges Fleischragout mit Kartoffeln und zum Abschluss eine süße Kalorienbombe. Doch obwohl die Inselküche alles andere als exotisch ist, geraten die wenigsten Urlauber mit ihr in Kontakt. Die Mehrzahl der Restaurants in den Feriengebieten bietet eine vermeintlich internationale Küche (mit Pasta, Pizza und Hähnchen mit Pommes) zu knapp kalkulierten Preisen an. Die wenigen anderen setzen auf den gehobenen Geschmack mit Spezialisierung auf eine bestimmte nationale Küche und die größere Zahlungsfähigkeit. Wer echt kanarisch essen will, hat es in Puerto de la Cruz leichter als im touristisch durchorganisierten Süden und Südwesten. Gäste von dort sollten sich im Hinterland umsehen, wie es übrigens auch die Canarios tun. Am Wochenende kehren sie zur Mittagszeit mit der Großfamilie gern in *Guanchinches* ein, meist sehr schlichte Ausflugslokale mit großen Portionen und kleinen Preisen.

Das kanarische Sonntagsmenü

Als Vorspeise wird gerne eine *sopa* gereicht, die häufig in einem Eintopfgericht besteht. Beliebt sind *Sopa de Garbanzos* (mit Kichererbsen) oder *Puchero canario* (Fleisch-/Gemüsesuppe). Empfehlenswert ist auch *Queso Blanco*, milder, frischer Ziegenkäse mit *Jamon serrano*, luftgetrocknetem Schinken.

Hauptspeisen bestehen auf dem Lande meist aus einen würzigen Ragout aus *Conejo* (Kaninchen), *Cabrita* (Zicklein) oder *Cordero* (Lamm). *Carne de cerdo* (Schweinefleisch) vom Grill ist ebenfalls beliebt. Standardbeilagen sind *papas arrugadas,* ganze kleine Kartoffeln, die langsam in Salzwasser gegart werden, bis sie eine weiße Salzkruste bekommen. Jedes Restaurant, das etwas auf sich hält, serviert dazu seine eigene scharfe Tunke, genannt *mojo.* Auf der Basis von Knoblauch, Paprika, Peperoni, Öl und Essig entstehen die Variationen durch Hinzufügen von Kräutern und Gewürzen. Mit Petersilie oder Koriander erhält man grünen Mojo *(mojo verde),* mit Safran, zerstoßenem Kümmel und Chili roten Mojo *(mojo rojo* oder *colorado).* Nachspeisen müssen süß und kalorienreich sein. *Bien mi sabe,* »schmeckt mir gut« heißt bezeichnenderweise eine Creme aus Mandeln, Honig oder Zucker und Biskuit. Ebenfalls eine beliebte Nachspeise ist *Principe Alberto,* eine Schokoladencreme. Nach dem Essen regt ein Kaffee die Verdauung an.

Snacks für zwischendurch

Tapas sind der ideale, preiswerte Einstieg in die einheimische Küche. Sie sind keine kanarische Erfindung sondern in ganz Spanien verbreitet. Serviert werden die kleinen Zwischengerichte in Bars – eine Bar ist kein Nachtclub, sondern eher eine Familienkneipe! Aus einer Vitrine sucht der Gast die vorbereiteten Speisen aus. Beliebt sind z.B. *Boquerones* (sauer

Die besten Restaurants mit kanarischer Küche

Abseits der Touristenmassen liegen diese kleinen Restaurants alle in einer besonderen Umgebung.

■ **Mesón El Drago:** Das inselweit bekannte Restaurant in Tegueste/ Urbanización San Gonzalo serviert kreative kanarische Küche vom Feinsten (**an der Carretera El Socorro, 12–13, Tel. 922 54 30 01,** Di–So 13 bis 16 Uhr, Fr/Sa auch 20–23 Uhr, im August geschlossen. Reservierung notwendig! ●●

■ **El Caldoso:** Mit Blick auf das Meer und Puerto de la Cruz lassen sich exzellente Fischgerichte entspannt genießen ❯ S. 89.

■ **Kiosco Principe:** Im Terrassenlokal und Jugendstilpavillon in Santa Cruz stehen mittags Tapas und Snacks, abends auch große Gerichte auf der Speisekarte ❯ S. 108.

■ **El Burgado: An der Playa Las Arenas bei Buenavista del Norte, Tel. 922 12 78 31,** tgl. 12–20 Uhr, speist man Fisch mit tollem Blick auf Klippen und Brandung. ●

eingelegte Sardellenfilets), *Ensa-
ladilla* (Kartoffelbrei mit Gemüse), *Tortilla española* (Kartoffel-
omelette) und *Pulpo* (Oktopus
mit Zwiebeln und Essig).

Fisch

Obwohl Teneriffa von fisch-
reichen Gewässern umgeben ist,
steht Fisch längst nicht auf jeder
Speisekarte. Fisch isst man am
Meer. Die Gerichte kommen
meist *de la plancha*, auf der heißen Platte gebraten und mit
Knoblauch und Kräutern gewürzt,
mit *Papas arrugadas* und *mojo* als
Beilage auf den Teller. In vielen
Fischrestaurants trifft man die Auswahl am Glastresen.

Typisch: Papas arrugadas mit Mojo

- **Lenguado**: Seezunge, in guten Restaurants immer frisch, in
erstaunlicher Größe und keineswegs teurer als andere Fische. Sie wird
entweder *natural* auf der Platte oder *a la Menieur* in Butter und mit
Kapern gebraten.
- **Atun/Bonito**: Frische Tunfischfilets schmecken *de la plancha* fast
wie Kalbfleisch.
- **Cherne**: Zackenbarsch, gebraten als wunderbar zarte Filets.
- **Muräne**: Der schlangenartige Fisch wird in Stücke geschnitten und
knusprig frittiert.

Weine

Die Anstrengungen der Winzervereinigung Tacoronte-Acentejo haben sich
gelohnt. 1993 wurden erstmals ausgewählte Weine in Puerto de la Cruz an-
lässlich einer allgemeinen Weinprobe und Verkaufsmesse der Öffentlichkeit
vorgestellt. Seither haben die edlen Tropfen der Region viele Medaillen ein-
geheimst. Die anderen Weinbaugebiete machten es erfolgreich nach.

Die Weine von Tacoronte-Acentejo sind fast immer eine Mischung aus zwei
oder drei Rebsorten. Bei den Weißweinen handelt es sich meist um eine Zusammensetzung aus *Listán Blanco, Malvasía* und *Gual,* bei den roten um
eine aus *Listán Negro* und *Negramoll.* Nur der Rosé ist *Listán Negro* pur. Die
Listán-Reben sorgen für Substanz und Rückgrat des Weines, die zugesetzten
anderen Tröpfchen für die Geschmacksnote.

Alles über Teneriffas Weine erfährt man im herrlich gelegenen Weinmuseum **Casa del Vino La Barranda** in El Sauzal ❯ S. 121.

Unterwegs auf Teneriffa

Entdecken Sie die einzelnen Reiseregionen –
jeweils mit den schönsten Touren, allem
Sehens- und Erlebenswertem, Hotel-, Restaurant-,
Nightlife- und Shoppingtipps

Der Süden

Nicht verpassen!

- Whalewatching vor der Westküste
- Wandern durch die spektakuläre Höllenschlucht bei Adeje
- Eine Fahrt zu den größten und dicksten Kanarischen Kiefern der Insel bei Vilaflor
- Baden und surfen an den hellen Natursandstränden von El Médano
- Einen Ausflug zur kleinen Nachbarinsel Gomera

Zur Orientierung

Sonnenschein, warmer Sand, sommerliche Temperaturen und ein Himmel so blau wie das Meer – diese Vorzüge machten **Los Cristianos, Playa de las Américas** und **Costa Adeje** zum Lieblingsziel der Urlauber. Eine perfekte Infrastruktur wurde für die Feriengäste im wahrsten Sinne des Wortes aus dem Sand gestampft. Schwimmen, Surfen, Tauchen und Bootstouren gehören zu den festen Programmpunkten von Teneriffas Sonnenecke im Südwesten. Der Blick auf die benachbarte Insel Gomera, die – rund 25 km entfernt – im Dunst zu schweben scheint, ist unvergleichlich. Die Zentren von Los Cristianos und Playa de las Américas sind Mittelpunkt des Nachtlebens, wer im Urlaub Ruhe sucht, sollte sich deshalb nicht gerade dort einquartieren.

Der Passatwind trifft von Nordosten auf die Küste. Häufiger windig und deshalb ein Traumziel der Surfer ist das ehemalige Fischerdorf **El Médano** mit seinen herrlichen Naturstränden an der Südostküste. Der Fang der Fischer von **Los Abrigos** südlich von El Médano und **La Caleta** am nördlichen Rand von Costa Adeje landet in den heimischen Restaurants. Beide Orte sind daher sehr gute Adressen zum Fischessen.

Touristenstadt mit Hafenatmosphäre: Los Cristianos

Die Berglandschaft hinter den Küstensiedlungen beeindruckt mit schroffen, wüstenhaften Formen. Spitze Felskegel, der 1000 m hohe, alles überragende Conde und tiefe Schluchten markieren die Landschaft.

Trockenheit und Wärme – für die Gäste aus dem kühlen Norden ein Kriterium für unbeschwerte Ferien – lassen keine üppige Vegetation zu und bieten auch keine guten Bedingungen für die Landwirtschaft. Die Mehrzahl der Einwohner ließ sich dort nieder, wo genügend Wasser Ackerbau möglich machte. In **Adeje** etwa, direkt am **Barranco del Infierno** – der Höllenschlucht, durch die noch heute ein Bach fließt – und weiter oberhalb im ruhigen Dorf **Vilaflor**, wo die Feuchtigkeit der Wolken den Terrassenfeldern zu Gute kommt.

Touren in der Region

Durch die Höllenschlucht

➍ Playa de las Américas ›
Adeje › Barranco del Infierno
› La Caleta › Playa de las
Américas

Distanzen: 30 km und 40 Min. Fahrtzeit im Pkw sowie 8 km und ca. 3,5 Std. Wanderung.

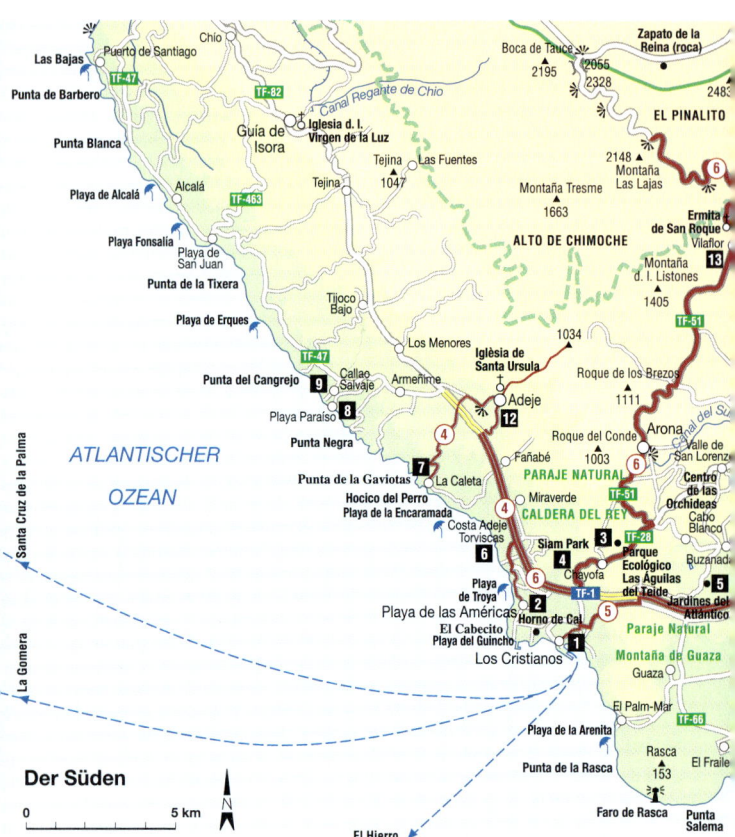

Zapato de la
Reina (roca)

Las Bajas
Puerto de Santiago   Chio

Boca de Tauce
2195   2055
2328   2483

EL PINALITO

Punta de Barbero   **TF-47**

TF-82   Canal Regante de Chio

Punta Blanca   Guía de
Isora   Iglesia d. l.
Virgen de la Luz   2148 ▲
Las Lajas   **6**

Tejina   Las Fuentes   Montaña Tresme   Ermita
de San Roque   Vilaflor   **13**

Playa de Alcalá   Alcalá   **TF-463**   Tejina
1047   1663

Playa Fonsalía   Playa de
San Juan   **ALTO DE CHIMOCHE**   Montaña
d. l. Listones
1405   **TF-51**

Punta de la Tixera   Tijoco
Bajo   1034

Playa de Erques   Los Menores   Iglesia de
Santa Ursula   Roque de los Brezos
1111

TF-47   Callao
Salvaje   Armeñime   **12**   Adeje   Roque del Conde   Arona   Valle de
San Lorenzo

Punta del Cangrejo   **9**   Fañabé   1003   **6**   Centro
de las
Orchídeas

Playa Paraíso   **8**   **PARAJE NATURAL**

Punta Negra   La Caleta   Cabo
Blanco

Punta de la Gaviotas   **7**   Miraverde   **TF-51**   **CALDERA DEL REY**   Buzanada

Hocico del Perro
Playa de la Encaramada   Costa Adeje
Torviscas   **TF-28**   **3**   Parque
Ecológico
Las Águilas
del Teide   **5**

6   **4**   Siam Park   **4**   Chayofa   Jardines del
Atlántico

Playa
de Troya   **6**   **2**   Horno de Cal   **5**   **Paraje Natural**

Playa de las Américas   **1**   Montaña de Guaza

El Cabecito
Playa del Guincho   Guaza
Los Cristianos   Guaza

ATLANTISCHER

OZEAN

Santa Cruz de la Palma

La Gomera

El Palm-Mar   **TF-66**

Playa de la Arenita   Rasca   El Fraile
153

Punta de la Rasca   Punta
Salema

Faro de Rasca

Der Süden

0   5 km   N

El Hierro

Über die Autobahn steuern Sie
die Kreisstadt **Adeje** > S. 59 an.
Nach einem kurzen Spaziergang
über die Hauptstraße geht es hinauf zum Eingang des ***Barranco
del Infierno** > S. 60. Für die spektakuläre, drei- bis vierstündige
Wanderung durch die Schlucht
sollten Sie früh dran sein oder
sich vorher anmelden und ange-
messen ausgerüstet sein. Zum
Ausklang des Tages haben Sie sich
ein köstliches Fischessen im ruhigen **La Caleta** > S. 57 verdient.

Zu den schönsten
Naturstränden

●5● Los Cristianos > **El
Médano** > **Playa de La Tejita** >
Los Abrigos > **Los Cristianos**

Distanzen: 45 km überwiegend auf der Autopista/Auto-
bahn, ca. 1 Std. Fahrzeit.

Nach Osten wird die Landschaft
trockener. In der wüstenhaften
Umgebung leuchtet das Grün von
drei Golfplätzen und den Apart-

PAISAJE LUNAR

Cuevas de las Palomas
Playa de la Caleta

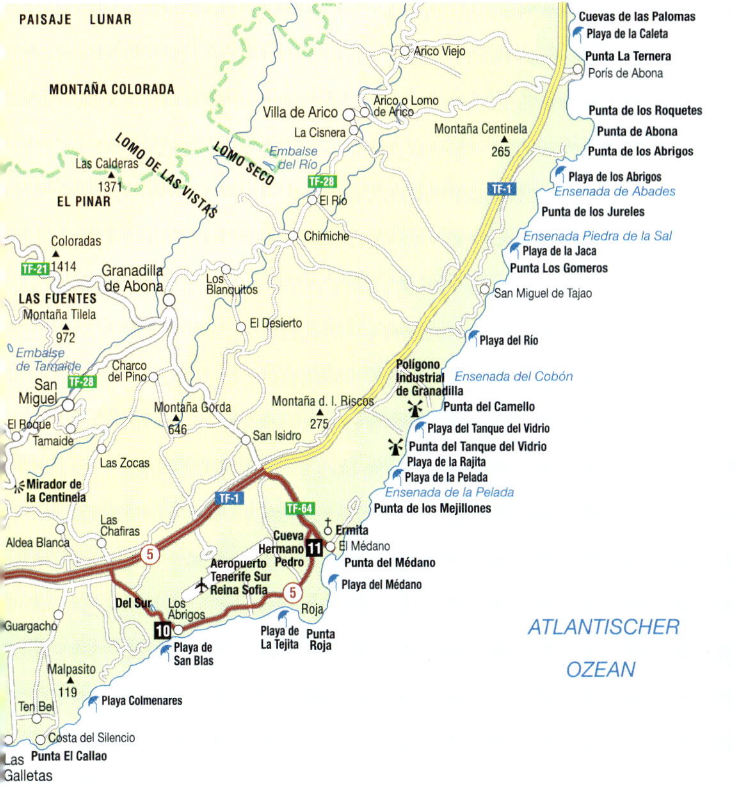

Punta La Ternera
Porís de Abona

MONTAÑA COLORADA

Arico Viejo

Arico,o Lomo
de Arico

Villa de Arico
La Cisnera

Montaña Centinela
265

Punta de los Roquetes
Punta de Abona
Punta de los Abrigos

LOMO DE LAS VISTAS
LOMO SECO

Embalse
del Río
TF-28
El Río

Playa de los Abrigos
Ensenada de Abades

TF-1

Las Calderas
1371
EL PINAR

Chimiche

Punta de los Jureles

Ensenada Piedra de la Sal
Playa de la Jaca
Punta Los Gomeros

Coloradas
TF-21 1414
Granadilla
de Abona

Los
Blanquitos

San Miguel de Tajao

LAS FUENTES
Montaña Tilela
972

El Desierto

Playa del Río

Embalse
de Tamaide

Charco
del Pino

San
Miguel TF-28

Montaña d. l. Riscos
275

Polígono
Industrial Ensenada del Cobón
de Granadilla
Punta del Camello
Playa del Tanque del Vidrio
Punta del Tanque del Vidrio
Playa de la Rajita
Playa de la Pelada
Ensenada de la Pelada
Punta de los Mejillones

El Roque
Tamaide

Montaña Gorda
646
San Isidro

Las Zocas

Mirador de
la Centinela

Las
Chafiras
TF-1

Aldea Blanca

TF-64

Cueva
Hermano 11
Pedro

Ermita
El Médano
Punta del Médano
Playa del Médano

Aeropuerto
Tenerife Sur
Reina Sofía

Guargacho

Del Sur
Los
Abrigos 10

5

Roja

Playa de
San Blas

Playa de
La Tejita

Punta
Roja

ATLANTISCHER

OZEAN

Malpasito
119

Playa Colmenares

Ten Bel

Costa del Silencio

Las
Galletas

Punta El Callao

mentanlagen der Costa de Silencio. Die zunächst felsige Küste wird flacher, die Brandung rollt auf weite Sandstrände zu. Der schönste liegt bei **＊El Médano** 〉 S. 58, einem kleinen Ferienort und Traumziel für Surfer (Autobahn-Anschluss). Ein Bummel über die Promenade verschafft einen Überblick über die besten Badeplätze. Wer Lust hat, erklimmt die **Montaña Roja** (nur mit festen Schuhen!) oder spaziert geradeaus weiter nach Süden durch das Naturschutzgebiet zur **Playa de la Tejita** (ca. 2 km, 〉 S. 58); der Strand lässt sich auch mit dem Pkw erreichen. Nach dem Strandtag schmeckt ein Fischteller in der Hafenbucht von **Los Abrigos** 〉 S. 58.

Für diesen Tag an der Südostküste mit ihren herrlichen Naturstränden sollte der Wind nicht zu stark aus Nordosten wehen, sonst wird der fliegende Sand lästig.

Kultur und Natur im Hinterland

> **━6━ Playa de las Américas** 〉 **Chayofa** 〉 **Vilaflor** 〉 **Paisaje Lunar** 〉 **Playa de las Américas**
>
> **Distanzen:** 70 km auf Landstraßen, 2 Std. reine Fahrzeit

Diese Tour führt hinauf ins Hinterland. Über die TF 28 erreicht man die **Finca del Arte** im Villenvorort **Chayofa**. In einem alten Gutshaus und Skulpturengarten sind Werke einheimischer Künstler ausgestellt. Die Finca ist nach der Abfahrt zum Themenpark **Las Águilas del Teide** 〉 S. 54 ausgeschildert. Weiter geht es über Arona nach **Vilaflor** 〉 S. 60. Von dort können Sie eine Wanderung zur **Paisaje Lunar** 〉 S. 62 unternehmen oder die Straße zu einem Baumriesen hinauffahren und eine Siesta auf dem Waldrastplatz **Las Lajas** 〉 S. 62 halten. Zurück in Vilaflor bietet sich ein bäuerliches Abendessen an.

Besuch der kleinen Nachbarinsel

> **━7━ Los Cristianos** 〉 **San Sebastián (La Gomera)** 〉 **Hermigua** 〉 **Valle Gran Rey** 〉 **Garajonay** 〉 **San Sebastián** 〉 **Los Cristianos**
>
> **Distanzen:** 135 km, ca. 3 Std. reine Fahrzeit.

Unternehmen Sie eine Schiffstour und durchqueren Sie die schöne, überschaubare Nachbarinsel auf einer Rundfahrt im Mietwagen 〉 S. 55. Selbst mit Stopps, Spaziergängen und Kaffeepausen sind die 135 km an einem Tag gut zu schaffen. Besonders sehenswert sind die Hauptstadt **San Sebastián**, der Lorbeerwald des **Nationalparks Garajonay** in der Inselmitte, das traumhaft schöne **Valle Gran Rey** sowie die wilde Nordküste. Viele Agenturen bieten einen Tagesausflug nach Gomera mit Busrundfahrt an (ca. 60 € pro Person). Viel schöner aber ist es, die Insel individuell im Leihwagen zu entdecken. Schon ab zwei Personen lohnt sich der Paketpreis für Überfahrt und Auto.

Unterwegs im Süden

Los Cristianos ❶

Der älteste Ort der aus drei Teilen zusammengesetzten Konglomeration wirkt neben Playa de las Américas und Costa Adeje schlicht, geradezu familiär und trotzdem städtischer. Es gibt ein richtiges Zentrum, mit Einkaufsstraßen neben Centros Comerciales (Einkaufszentren), Plazas neben aufgepeppten Lokalen, einfachen Bars und Restaurants, einem Kulturzentrum und einer Kirche. Einheimische und Urlauber nutzen diese Einrichtungen gleichermaßen.

Im alten Ortskern zwischen Bucht und Vulkankegel **Montaña Chayofita** hat sich ein Gemeinwesen etabliert, das sich gegen die aus dem Boden gestampften Anlagen des Massentourismus behauptet. Neben der familiären Atmosphäre hat Los Cristianos auch maritimes Flair zu bieten. Von den Molen starten mehrmals täglich Fähren nach Gomera und La Palma.

Die Strände von Los Cristianos sind die größten im Feriengebiet. Hinter dem natürlichen Sandstrand in der Hauptbucht von Los Cristianos beginnt die erst vor kurzem neu gestaltete Promenade mit Hotels, Restaurants, Geschäften und Kiosken. Neu und künstlich angelegt ist auch der sehr gepflegte, lange und breite Sandstrand **Playa de las Vistas** in der Nebenbucht. Alle Serviceeinrichtungen, Duschen und Verleihservice, Geschäfte, Restaurants und die Touristeninformation liegen ganz in der Nähe.

Info

Touristeninformationen befinden sich im Kulturzentrum an der **Calle General Franco** und in einem Pavillon an der **Playa de las Vistas.** Dort erhält man Landkarten, einen Ortsplan, Busfahrpläne sowie Infos zum Freizeitangebot und die Programme der Ge-

In Los Cristianos steht das Strandleben im Mittelpunkt

Zur Abwechslung abtauchen

meinde; www.arona.org. Mo–Fr
9–15.30, Sa 9–13 Uhr.

Bus

Die zentrale Busstation liegt am Ortsausgang in Richtung Autobahn, an der
Avenida de Los Cristianos. Gute Verbindungen in alle Richtungen.

Hotel

Kurhotel Mar y Sol
Avenida de Amsterdam 8
38650 Los Cristianos
Tel. 922 75 05 40
www.marysol.org
Die Apartments und Studios liegen auf
mehrere Häuser verteilt in einer großen Gartenanlage, rund 300 m von der
Meerespromenade entfernt. Das Hotel
ist bekannt für seine behinderten-
gerechte Ausstattung. ●●

Restaurants

■ **Casa del Mar**
Explanada del Muelle (am Hafen)
Tel. 922 75 13 23
Gutes Fischrestaurant mit abwechs-
lungsreichen Gerichten, auch Fisch-
und Meeresfrüchteeintöpfe. ●●
■ **El Gomero II**
Avenida Antonio Dominguez
Hier serviert man die ganze Palette der
kanarischen Küche. ●

Aktivitäten

Am Beachvolleyballplatz der **Playa de
las Vistas** werden regelrechte Turniere
ausgetragen. Ein Golfplatz schmückt
Los Cristianos und die Tauchschule
Argonautas residiert im Aparthotel
Mar y Sol (s. oben), **Tel. 922 79 99 97,
Mobil 690 964 201, www.argonautas.
org.** Dennoch findet das sportliche
Urlauberprogramm v.a. im benachbar-
ten Playa de las Américas statt.

Nightlife

Ein abendlicher Bummel über die **Plaza
Galdos** und die **Promenade,** Einkehr in
ein Terrassencafé und dazu noch richtig gute Open-Air-Musik genießen –
gemächlich lässt sich der Urlaub in Los
Cristianos an. Für eine lange Nacht
sorgt der Kiez im benachbarten Playa
de las Américas.

Einkaufen

Einheimisches Kunsthandwerk verkauft
Artenerife (www.artenerife.com) im
Pavillon auf der Promenade. Deutsche
Bücher, auch die umfangreichste
Sammlung von Fachliteratur über Tene-
riffa, bietet Librería Barbara in der
Fußgängerzone. Jeden Sonntagvor-
mittag findet neben dem Arona Gran
Hotel ein Flohmarkt statt.

Special

Whalewatcher und Piraten an Bord

Leinen los zur Unterwasserbeobachtung

Delfine und mehr als 20 Walarten tummeln sich in den Gewässern der Kanarischen Inseln. Sie einmal aus der Nähe zu sehen, wünschen sich immer mehr Urlauber. Entsprechend groß ist das Angebot an Schiffsausflügen zum Whalewatching. Ist man erst einmal unterwegs, entdeckt man vor der Küste Teneriffas neben Walen eine Vielfalt weiterer großer wie kleiner Meeresbewohner: darunter Mantas mit einer Spannweite von bis zu 2,50 m, winzige Seepferdchen und leuchtend bunte Fischschwärme wie die des blaugrünen »Peje Verde« (Grünfisch) oder der roten »Viejas« (eine Papageienfischart). Einen Einblick ins Unterwasserleben zwischen Steilküsten und Wasserpflanzen ermöglichen Schiffe mit Glasböden oder gar – für Mutige – ein richtiges Unterseeboot.

Freie Sicht nach unten

Alle Schiffe, die zur Beobachtung der Unterwasserwelt starten, haben Glasböden und somit freien Blick auf das Leben im Meer. Von Los Cristianos aus sind das die Katamarane **Monte Carlo** und **Lady Shelly**. Im Puerto de Cólon, in Playa de las Américas, starten die **Royal Delfin** und ihr Schwesterschiff, die **Tropical Delfin.** Je nach Dauer (2–4,5 Std.) kostet der Bootsausflug 20–52 € pro Person (inkl. Verpfl.); Badestopp vor einsamem Strand in längeren Touren inbegriffen. Die besten Reviere vor dem Bug hat das **Glass Bottom Boat** (2 x tgl. ab Hafen Los Gigantes).

Das knallgelbe U-Boot **Submarine Safari** taucht 3-mal tgl. ab. Im neuen Yachthafen Marina San Miguel geht es los. Für 1 Std. unter Wasser zahlen Erwachsene 48 €, Kinder 28 €. Reservieren können Sie im Hafen, an der Hotelrezeption oder bei Ihrer Reiseleitung (www.submarinesafaris.com).

1 Wal voraus

Das große Interesse am Whalewatching setzte den Giganten des Meeres zu – Ausflugsboote fuhren mit laufendem Motor direkt in die Schulen und Ruheplätze, um ihren Gästen einen besonderen Nervenkitzel zu bieten. Stress und Desorientierung der Tiere wurden dabei in Kauf genommen. Seit die Ruhezonen der Wale registriert und zum Meeresnaturpark erklärt wurden (mit strengen Aufla-

gen für die Bootsführer), geht es den Walfamilien wieder besser.

Auch aus einigem Abstand lassen sich die Schwergewichte mühelos erkennen. Selbst wenn kein Wal auftauchen sollte, garantieren unterwegs Delfine die gute Laune an Bord. Ihnen bereitet es offenbar Vergnügen, die Boote zu begleiten und die Gäste mit ihren Sprüngen zu unterhalten.

Segler ahoi!

Traditionell von Wind und Wellen angetrieben – manchmal hilft ein Motor nach – kreuzen zwei Schoner vor der Westküste. Kinder haben dabei besonderen Spaß, wenn sie als Piraten verkleidet in See stechen, wie auf der **Peter Pan.** Zum 3-Stunden-Törn legt sie in Los Cristianos ab. Der Segler **Shogun** ist ab Puerto de Cólon 2 Stunden unterwegs.

Bootscharter

Wer ganz privat vor den Küsten kreuzen möchte, kann Segel- oder Motorboote mit oder ohne Bootsführer in den Sporthäfen Puerto de Colón oder Los Gigantes chartern.

Hafenzubringer

Ausflugsboote laufen von allen Häfen an der Süd- und Westküste mehrmals am Tag aus; Buchung vor Ort in den Hafenbüros. Gratisbusse der größeren Reedereien garantieren die pünktliche Anreise aus allen Urlaubsorten. Die Abfahrtszeiten der Busse erfahren Sie bei der Buchung und aus Infoblättern, die bei der Touristeninformation ausliegen.

Playa de las Américas ▨

Das dynamische Playa de las Américas wartet mit einer perfekten Ferienkulisse auf: breite, von Palmen gesäumte Boulevards, kilometerlange Promenaden, Restaurants und nahezu jegliches Sport- und Freizeitangebot. Die vielen Strände verlangen einem jeden Tag eine Entscheidung ab: soll es eher ruhig oder turbulent zugehen? In jedem Ortsteil verführt mindestens ein Einkaufs- und Vergnügungscenter (*Centros Comerciales,* CC) zum Shopping. Vom Hotel müssen maximal 500 m zum Meer zurückgelegt werden, es sei denn man wohnt in der Höhe im Ortsteil Torviscas Alta – aber dort entschädigt der Panoramablick für die Entfernung zum Strand. Nach Sonnenuntergang flammen die Neonlichter auf und der zweite Abschnitt des Urlaubstags kann beginnen.

Playa de las Américas zieht sich als schmales Band über viele Kilometer an der Küste entlang. Sein geographisches Zentrum liegt in Höhe der Strände Playas de Troyas, von dort nahm alles seinen Anfang, und in seiner Nähe konzentriert sich das Nachtleben.

Hotels und Apartmentanlagen, in den Anfangsjahren noch eher schlicht, übertreffen sich heute an Originalität und Luxus. Puristische Architekturkritiker und Stadtplaner mögen die Nase rümpfen über den Stilmix mit Versatzstücken aller Epochen der Geschichte: von Pyramiden über Säulengänge bis zur futuristischen Spiegelglasfassade. Typisch kanarische Bauelemente wie Holzbalkone und rote, mit Tonpfannen gedeckte Dächer sind als Dekor aber auch vertreten. Den Gästen gefällt diese Mischung ganz offensichtlich. Wer kanarische Architektur in Reinkultur sowie Land und Leute kennen lernen möchte erreicht in kurzer Zeit per Bus oder Leihwagen eine der alten Städte.

Vamos a la Playa

Sieben kleinere und mittelgroße, viel besuchte Strände liegen vor Playa de las Américas, weitere in Richtung Norden an der Costa Adeje. Die beiden Buchten von Los Cristianos lassen sich leicht bei einem Spaziergang oder per

Centros Comerciales (CC)

In jedem Ortsteil liegt mindestens ein solches Dienstleistungszentrum mit Geschäften aller Art, vom Supermarkt über den Zeitungsladen bis zur Juwelenboutique. Außerdem sind hier – je nach Größe des CC – Restaurants, Bars, Diskotheken, Banken, Reisebüros und Leihwagenagenturen angesiedelt. Das Angebot in den einzelnen CCs unterscheidet sich nicht wesentlich, berücksichtigt aber die Nationalitäten der Gäste in der Umgebung. Deutsche Zeitungen bekommt man z.B. sicher im Ortsteil Fañabe, aber bei weitem nicht in jedem CC im Ortsteil San Eugenio.

Ansprechende Ferienanlage
im kanarischen Stil

Bus erreichen. Die meisten Strände sind künstlich mit grauem oder goldenem – aus der Sahara herüber geschafften – Sand aufgeschüttet worden und durch Molen gesichert. Die Brandung dringt nicht in die Badebuchten, das Wasser ist ruhig. Überall stehen Liegestuhl- und Sonnenschirme sowie Süßwasserduschen zur Verfügung. An nahezu allen Stränden von Playa de las Américas versorgen Bars, Restaurants und Läden die Urlauber. Tretboote, Wasserbobs u.a. bieten Belustigung. Besonders die Strände mit Wasserbobvermietung sind, durch das ständige Aufheulen der Scootermotoren, nicht gerade ruhig. Für Ruhesuchende eignen sich die Strände von Costa Adeje im Norden besser.

Puerto de Colón

Nobel und beschaulich zugleich ist die Stimmung im Yachthafen Puerto de Colón, es geht dort wesentlich gemächlicher zu als an den nahe gelegenen Stränden und Promenadenabschnitten. Elegante Hochseeyachten liegen auf Tuchfühlung mit schnellen Sportbooten. Von hier aus starten große und kleine Segel- und Motorboote zu Ausflügen; Plätze man kann sich direkt an den Booten oder bei den Agenturen im Hafen reservieren lassen. Hier haben auch die Anbieter von Segel- und Motorbootkursen ihren Sitz.

Info

Es gibt zwei Informationsbüros: im **Centro Comercial Pueblo Canario,** Mo bis Fr 9–14.30 Uhr, Tel. 922 75 06 33, www.costa-adeje.es und am **Centro Comercial City Center**, Avda. Litoral, Mo–Fr 9.30–15, Sa. 9.30–13 Uhr, Tel. 922 79 76 78, www.arona.org.

Bus

Nahezu alle Orte der Insel lassen sich von Playa de las Américas aus gut mit dem Bus erreichen. Ein Fahrplan ist am zentralen Omnibusbahnhof **Estación de Guaguas,** **Carretera General**, erhältlich. Die meisten Buslinien halten an den Hauptstraßen der einzelnen Ortsteile, lassen sich also auch für Strecken innerorts nutzen. Von vielen Hotels starten kostenlose **Shuttlebusse** zu den Themenparks, die etwas außerhalb liegen › S. 54.

Hotels

■ **Jardin Tropical**
38660 San Eugenio/Adeje

Tel. 922 74 60 00, 902 25 02 51
www.jardin-tropical.com
Eines der schönsten, älteren und ruhigen Hotels mit <mark>maurisch inspirierter Architektur.</mark> ●●●

■ **Park Club Europa**
Avenida Rafael Puig Lluvina
38650 Arona
Tel. 922 75 70 60
www.park-club-europa.de
Clubhotel mit dem breitesten Sport- und Spielangebot, besonders geeignet für Familien und Aktive. ●●

Restaurants

■ **El Faro**
Parque Santiago V.
Nahe Playa de las Vistas
Tel. 922 75 38 27
Rustikales Ambiente und deftige, aber auch feine Speisen, vom Spanferkel bis zu Meeresfrüchten. ●●

■ **Las Rocas Beach Club**
Im Hotel Tropical in San Eugenio
Tel. 922 74 60 01
Dieses Restaurant in grandioser Lage direkt am Meer bietet sich für ein romantisches Candlelightdinner (tgl. 18 bis 24 Uhr) an. Besonders gute Meeresfrüchtegerichte und Paellas. ●●●

Aktivitäten

■ Im Süden findet man die besten Tauchreviere der Insel. Vor Los Cristianos liegen besonders spannende Spots, mit submarinen Schluchten, einem versunkenen Wrack, schwarzen Korallen und Muränen. Tauchkurse, Tauchgänge oder mehrtägige Ausflüge bietet z.B. **Fun Dive Tenerife, Park Club Europa, Avda.** del Litoral, Tel. 922 75 27 08, **www.dive-teneriffa.com.**

■ Jedes Vier- und Fünf-Sterne-Hotel sowie vergleichbare Apartmentanlagen verfügen über Tennisplätze. Öffentliche Tennis- und Squashplätze gibt es z.B. beim **Club de Tenis Las Palmeras** auf dem Gelände des Hotels Las Palmeras, Tel. **922 75 29 48.**

■ **Beachvolleyballplätze** an der **Playa de las Vistas** ❯ S. 47.

■ Radverleih und geführte Rad- und Wandertouren bietet **Diga-Sports, Avda. Rafael Puig Lluvina, neben Hotel Park Club Europa, Tel. 922 79 30 09, www.diga-sports.de.**

■ In den Trendsport Golf wird zurzeit am meisten investiert. Mehrere Plätze liegen unmittelbar in der Urlauberzone. Etwas weiter östlich, an der Costa de Silencio, stehen drei weitere Golfplätze zur Auswahl. Info zu allen Plätzen unter **www.webtenerife.de**

Nightlife

Bald nach Sonnenuntergang beginnt in Playa de las Américas die zweite Vergnügungshalbzeit. Entlang der Promenade im Zentrum und in den meisten CCs tobt das Nachtleben – mit viel Musik drinnen und draußen. Die meisten Hotels und großen Apartmentanlagen mischen mit und bieten eigene Programme an. Alle Stilrichtungen der Unterhaltungsmusik für jegliche Jahrgänge sind vertreten, von Jazz über Folk, Pop und Techno. In den Musik-Pubs sortiert sich das Publikum meist nach Biersorten und damit nach Nationalitäten. Eintritt zahlt man nur in den großen Showpalästen, so kann man das Angebot erst unverbindlich sondieren, bevor man sich zur Einkehr entscheidet. Discozentrum für Jugendliche sind die schlichten **CC Veronika I und II,** dort geht's aber erst ab Mitternacht richtig rund. Alternativen dazu bieten die Bars/Clubs in den großen Hotels im

Zentrum, z.B. im Hotel Palm Beach, Avenida Litoral.

■ **Pirámide de Arona,** bombastischer Showpalast **am Mare Nuestrum Ressort (nahe Playa de las Vistas), Tel. 922 75 75 49.** Neben pompösen Tanzshows gibt es hier auch Musicals, Ballett- und Theateraufführungen. Es wird Eintritt erhoben.

■ **Casino, Playa de las Américas, im Hotel Gran Tenerife,** Avda. del Litoral, Spielbetrieb ab 20 Uhr. Neben den klassischen Möglichkeiten sein Geld beim Roulette zu verlieren, bieten sich einarmige Banditen an. Aufnahme-

Echt gut !

Die besten Fisch-restaurants im Süden

Verlassen Sie zum Abendessen einmal die Ferienzone und unternehmen Sie einen Ausflug zu einem (noch) ruhigen, kleinen Fischerort.

■ **La Caleta** in Caleta liegt direkt am Wasser. Auf der schönen Terrasse lassen sich die Gäste gute Fischgerichte schmecken > S. 57.

■ **Celso** auf der anderen Seite der Bucht bietet eine abwechslungsreiche und anspruchsvolle Küche mit vielen Meeresfrüchten in gepflegtem Ambiente > S. 57.

■ **La Perla del Mar** in Los Abrigos oberhalb des Hafens besticht durch seine Lage – mit Terrasse direkt auf den Felsen und Meeresblick > S. 58.

■ **Los Abrigos** gleich nebenan kann nur mit einer kleinen Terrasse aufwarten, dafür sind hier die Portionen besonders groß > S. 58.

■ **Vista Mar** in Los Abrigos bietet neben gebratenem Fisch auch originelle Eigenkreationen an > S. 58.

ritual wie in Monte Carlo, Personalausweis oder Pass mitnehmen!

Parque Ecológico Las Águilas del Teide ▪

In diesem Park oberhalb von Los Cristianos in Richtung Arona tummeln sich Tiere aus aller Welt in Gehegen, die ihrer natürlichen Umwelt nachempfunden wurden. Hauptattraktion sind die Vögel: Bei Falknervorführungen schlagen Fischadler Beute und Kondore fliegen frei. Täglich 10 bis 17.30 Uhr. Eintritt 24 €, Kinder ab 6 Jahren 16 €. Von vielen Hotels starten kostenlose Zubringerbusse zu den Themenparks, die etwas außerhalb liegen.

Siam Park ▪

Im Jahr 2008 eröffnete dieser Aqua- und Freizeitpark der Superlative (größte Wasserrutsche, größter Badesee mit Riesenwelle u.a.m.) in thailändischem Ambiente. Torviscas Alta, direkt neben der Autopista. Täglich 10–18 Uhr, im Winter bis 17 Uhr. Eintritt 28 €, Kinder zwischen 3 und 11 Jahren 18 €; www.siampark.net.

Aqualand

Der Badepark liegt fast neben dem Siam Park, präsentiert sich aber etwas bescheidener als der Siam Park. Täglich 10–17 Uhr. Eintritt 18 €, Kinder von 4–12 Jahren 12 €.

Jardines del Atlántico ▪

Die Gärten *(Bananeras)* liegen oberhalb von Los Cristianos, an der Autobahn nach Santa Cruz (ab Ausfahrt Valle San Lorenzo beschildert). Bei einer Führung durch das Gartengelände lernt man viel über den Bananenanbau und andere exotische Pflanzen Teneriffas. Täglich 10–18 Uhr. Eintritt 11 €, Kinder die Hälfte.

Die Nachbarinsel La Gomera

Ursprünglich und idyllisch, mit den dichtesten Lorbeerwäldern und dem vielleicht schönsten Tal des Archipels lockt Gomera, nur 25 Kilometer von Teneriffa entfernt. Weniger als 60 Minuten brauchen die Fähren von Los Cristianos hinüber.

Besonders sehenswert sind die kleine Hauptstadt **San Sebastián**, die wilde Nordküste mit ihren verträumten Dörfern, der herrliche Lorbeerwald (Nationalpark) im Inselzentrum und das zauberhafte **Valle Gran Rey**. Bei einer Rundfahrt ❯ S. 46 kann man alles ohne Hast anschauen und es bleibt noch Zeit für ein typisch kanarisches Essen. Eine Wanderung auf den **Garajonay**, Gomeras höchsten Gipfel (1487 m; 40 Min. ab Parkplatz El Contadero), lässt sich auch einschieben. Alternativ lohnt sich ein Besuch des Töpferdorfes **El Cercado**.

—⑦— **Besuch der kleinen Nachbarinsel** Los Cristianos ❯ San Sebastián (La Gomera) ❯ Hermigua ❯ Valle Gran Rey ❯ Garajonay ❯ San Sebastián ❯ Los Cristianos

Bananenplantagen sorgen für Grün in der Landschaft

Einfache, gute und preiswerte kanarische Gerichte bereiten die schlichten Dorfgasthöfe in **Las Hayas** (Amparo) und **El Cercado** (Restaurants Maria und Victoria). Beide Dörfer liegen auf dem Weg ins Valle Gran Rey.

Costa Adeje ⑥

Die dritte und jüngste Urbanisation im touristischen Süden schließt sich nördlich an Playa de las Américas an. Grenzen zwischen den Ortsteilen sind nicht auszumachen, Costa Adeje beginnt etwa am Ortsteil Fañabe und zieht sich nach Norden bis La Caleta. Das Fischerdorf wird wohl bald ganz vereinnahmt werden.

Das Gran Hotel Bahía del Duque machte den Anfang der Entwicklung: In seiner Umgebung entstand und entsteht immer noch eine Urlauberzone auf höchstem Niveau. Qualitätstourismus, für den auch die Gemeinde ihren Beitrag leisten muss – mit der Anlage der **Playas Fañabe** und **del Duque** ist dies bereits geschehen und bei La Caleta geht es weiter. Der bisher kleine, steinige Strand am Ortsrand erfuhr 2008 seine Umwandlung in ein strahlend helles Badeparadies.

Zur Infrastruktur gehören neue Centros Commerciales (CC), z.B. dasjenige an der Plaza del Duque, deren Ausstattung mit Marmor und Edelstahl der Kategorie der umliegenden Hotels entspricht. Die neuen Hotels dienen nicht bloß als Beherbergungsbetriebe, sondern sind vielmehr Resorts mit Komplett-Ausstattung für Urlauber: Badeseen, Spa- und Sporteinrichtungen, Freizeitprogramme, verschiedene Restaurants, Läden etc. Solche Ferienanlagen graben allerdings den örtlichen klein- und mittelständischen Betrieben wie Restaurants und Sportveranstalter das Wasser ab.

Info

Büros der Touristeninformation am Strand von Fañabe und im CC Plaza del Duque, Tel. 922 71 63 77, www. costa-adeje.es. Mo–Fr 9–16 Uhr.

Hotel

Gran Hotel Bahia del Duque
Avda. Bruselas s/n
38660 Adeje
Tel. 922 74 69 00
www.bahia-duque.com
Ganz im Stil der Wende vom 19. ins 20. Jh. gebaute und eingerichtete Luxusanlage. Das Personal trägt sogar die Tracht dieser Zeit. ●●●

Restaurant

La Torre del Mirador
C.C. El Mirador, local 1
An der Playa del Duque
Tel. 922 71 22 09
Kaffee und Kuchen oder spanische und internationale Küche lassen sich hier in schönem Ambiente genießen, mit Aussichtsterrasse. Tgl. 10–24 Uhr. ●●

La Caleta 7

Das saftige Grün der Bananenplantagen begleitet die Westküste. Sie beginnen unmittelbar hinter La Caleta und ziehen sich, nur von kleineren Fischerorten und Feriensiedlungen unterbrochen, bis zum Ferienzentrum Playa de la Arena. Im winzigen Ortskern von La Caleta in einer felsigen Minibucht speist man **köstliche Fischgerichte.** Bis vor kurzem wirkte der Ort völlig verschlafen, nun hat auch ihn der Tourismus wach geküsst. Nicht weit vom Ortseingang stehen schon die Luxushotelanlagen von Costa Adeje. Aber in der Bucht geht es immer noch sehr geruhsam zu.

Echt gut!

Restaurants

■ **La Caleta**
Muelle 19
Einfaches, aber gutes Fischrestaurant mit Terrasse direkt am Wasser. ●
■ **Celso**
Calle El Cabezo 48
Im Speiseraum mit Panoramafenster wird abwechslungsreichere und anspruchsvollere Küche serviert. ●●

Bus

Linie 414 und 441 verkehren ab Los Cristianos/Playa de las Américas.

Playa Paraíso 8

In diesem ruhigen Badeort mit kleinem Strand und Badelandschaft ragen vier Hoteltürme aus den Apartmentanlagen und Reihenhäusern. Rechts und links davon haben Hotelketten neue Luxusherbergen errichtet.

Sport

In der hübschen Badeanlage an der Küste hat die Tauchschule Barrakuda ihre Basis. Anmeldung und Information über das **Hotel Paraíso Floral,** **Tel. 922 74 18 81,** **www.buceo-tenerife.com.**

Callao Salvaje 🟧9

Die familiär wirkende Feriensiedlung an der felsigen Küste mit kleinem Sandstrand und Sportangebot wird überwiegend von skandinavischen Gästen besucht.

Karte
Seite 44

Sport

Hijos del viento – Windkinder – nennen die Canarios liebevoll die Paragliler. Die Westküste ist mit ihren gleichmäßigen Winden **ein ideales Gebiet für Gleitschirmflieger,** auch für Anfänger. Kurse für Anfänger und Fortgeschrittene bietet Parapente Club del Sur, Edificio Esmeralda 39, Callao Salvaje, Tel. 922 78 13 57.

Echt gut!

Los Abrigos 🟧10

Ein Geheimtipp für Fischgerichte ist Los Abrigos schon lange nicht mehr, aber gut essen kann man dort immer noch. Die kleinen

Der Strand von El Médano

Lokale liegen dicht beieinander an der hübschen Promenade des ansonsten wenig reizvollen Fischerdorfes.

Restaurants

■ La Perla del Mar
Oberhalb des Hafens
Dieses Restaurant hat die beste Lage von allen: mit Terrasse direkt auf den Felsen und freiem Blick auf das Meer. ●●

■ Los Abrigos
Neben La Perla del Mar
Das Lokal kann zwar nur mit einer kleinen Terrasse, dafür aber mit einem großen Gastraum aufwarten. Besonders groß sind hier auch die Portionen. ●●

■ Vista Mar
Calle la Marina
Von einer bekannten Autozeitschrift mit drei Sternen ausgezeichnet. ●●

*El Médano 🟧11

Das Mekka für Wassersportler und Strandläufer ist ein kleiner, ruhiger Badeort geblieben. Sein Wahrzeichen, der Vulkankegel **Montaña Roja**, steht unter Naturschutz. Von ihm zieht sich der feine, naturbelassene Hauptstrand, von hellen Felsen eingerahmt, über mehrere Kilometer bis in den Ort. Die bunten Segel der Surfer sind Farbtupfer auf dem Meer.

Im Osten liegt die etwas windige **Playa La Cabeza**, im Westen schließt die geschützte **Playa de la Tejita** an. Die Mehrzahl der Gäste sind Einheimische, denn viele der Aparthäuser beherbergen Zweitwohnungen. Promenade und Plaza passen sich dem natürlichen Stil des Ortes an.

El Médano ist ein Ziel für Individualisten. Über Holzplanken erreicht man sein Lieblingsplätzchen am Strand, unter Sonnenschirmen kann man im Zentrum bei Kaffee und Eis den Tag vorüberziehen lassen.

Info

Der Infopavillon liegt auf der Rückseite der Plaza. Obwohl Zimmervermittlung nicht zu ihrer Aufgabe gehört, hilft die Angestellte gerne.

Bus

Viele Linien in alle Richtungen.

Hotels

■ **Playa Sur Tenerife**
Tel. 922 17 61 20
www.hotelplayasurtenerife.com
Gutes Mittelklassehotel in bester Strandlage am beliebtesten Zugang der Wind- und Kitesurfer. ●●

■ **Arenas del Mar**
Avda. Islas Canarias, etwas abseits an der Playa La Cabeza
Tel. 922 78 87 88
www.hotelarenasdelmar.com
Luxushotel mit Spa und allen Einrichtungen für Surfer. ●●●

Restaurant

El Astillero
Paseo Marcial Garcia 2
Gemütliches familiäres Lokal. Außer Fisch- und Fleischgerichten gibt es leckere Reispfannen. ●

Sport

Vor Ort bekommen Wind- und Kitesurfer alles für ihr Hobby. Der Passatwind

erreicht die Bucht mit gleichmäßiger Stärke von 3–5 Beaufort. Im Winter kann es auch mal stürmischer und böig werden (bis 7 Beaufort).

Adeje 12

Mit einigen historischen Gebäuden und einer stimmungsvollen, von mächtigen Lorbeerbäumen beschatteten Hauptstraße, an der Cafés, einfache Restaurants und kleine Läden liegen, ist Adeje die schönste kanarische Stadt im Süden (33 000 Einw.).

Die sehenswerte **Kirche Santa Ursula** (16. Jh.) am oberen Ende der Hauptstraße ist ein Kleinod kanarischer Architektur mit meterdicken Natursteinmauern. Die reich strukturierte Holzdecke, im Altarraum bemalt, gilt als schönes Beispiel für den Mudéjarstil. Auf dem Altar thront eine Kopie der Virgen de la Candelaria, der Schutzpatronin von Teneriffa.

Neben der Kirche steht das Rathaus und ein **Franziskanerkloster** aus dem 17. Jh.; Teile davon sind bereits verfallen.

Die **Casa Fuerte,** ehemals befestigter Wohnsitz des Grafen von Gomera und dem Süden von Teneriffa, liegt am Ende der Straße, die oberhalb der Kirche nach links führt. Zuckerrohranbau und Sklavenhandel machten die Familie und die Stadt Adeje schon kurz nach ihrer Gründung reich. Vor der Ruine, die sich in Privatbesitz befindet, steht eine historische Kanone. Die steile Straße vor der Casa Fuerte führt zum Barranco del Infierno hinauf.

Otelo
El Molino 10
Tel. 922 78 03 74
Das nette Aussichtslokal am Einstieg
zum Barranco del Infierno serviert ka-
narische Küche. Di geschlossen. ●

Bus

Haltestelle der Buslinie 473.

*Barranco del Infierno

Der Barranco del Infierno ist **die
attraktivste Schlucht der Insel.**
Nirgends sind die Felswände stei-
ler und höher als in der Höllenschlucht. Teneriffas einziger ganz-
jährig fließender Bach speist das
dichte Grün aus Weiden, Kastani-
en und Lorbeerbäumen.

Der Barranco steht unter Naturschutz und darf nur von 220
Besuchern täglich durchwandert
werden. Nach der Öffnung um
8.30 Uhr werden 100 Personen
eingelassen – erfahrungsgemäß
ist diese Zahl etwa um 10 Uhr erreicht. Die folgenden Wanderer
müssen warten, bis sich eine
Gruppe gebildet hat. **Achtung:**
Nach Regenfällen und bei starkem Wind bleibt der Barranco
geschlossen. Erkundigen Sie sich
deshalb unter Tel. 922 78 28 85,
bevor Sie eine längere Anfahrt
vergeblich auf sich nehmen.

Unterwegs können die Besucher nach Belieben gehen und
pausieren. Die vollständige Tour
dauert hin und zurück 3–4 Stunden (je nach Kondition), es sind
nur geringe Höhenunterschiede
von 200 m zu überwinden. Kurz
nach der Hälfte des 6 km langen
Weges stößt man auf ein offenes
Rinnsal, an dessen Seiten sich eine
grüne Hölle en miniature mit
Stechapfelbäumen und Schilfrohr
gebildet hat. Der Weg endet an einer Felsbarriere (La Cascada),
von der je nach Jahreszeit mehr
oder weniger Wasser in drei Kas-
kaden in ein Becken stürzt.

Die Bezeichnung Barranco
steht für eine Schlucht an den Abhängen eines Vulkans, die vermutlich als großer Riss oder Ker-
be bereits bei der Bildung des
Vulkans entstand und später
durch Auswaschung ihre bisweilen monumentale Tiefe erreichte.
Beim Barranco del Infierno
kommt hinzu, dass seine beiden
Steilwände verschiedenen Ge-
birgsstöcken angehören, nämlich
dem älteren Adejemassiv und
dem jüngeren Teidesockel. In den
Höhlen der südöstlichen Wand
wurden Mumien der Ureinwohner gefunden.

Eintritt 3 €, Ki 1,50 €, sonntags
frei. Einlass 8.30–14.30 Uhr, nur
mit festem Schuhwerk! Schlie-
ßung des Wanderwegs 17.30 Uhr.

Vilaflor **13** und Umgebung

Seine zauberhafte Lage inmitten
von Wäldern unterhalb des
schroffen Gebirgsringes des Nationalparks macht Vilaflor besu-
chenswert. Ab Januar blühen die
Mandelbäume und kurz darauf

Vilaflor ist das höchstgelegene Dorf der Insel und Tor zum Nationalpark

verhüllen Schlafmützchen (gelber Mohn) die Straßen- und Wegränder. Das ruhige Dorf lebt von der Landwirtschaft (Wein und Frühkartoffeln), vom Kunsthandwerk und vom Mineralwasser. Die Quellen der bekannten Marken »Pinalito« und »Fuente Alta« entspringen oberhalb von Vilaflor. Die Stickereien der Frauen sind berühmt.

Imposantestes Gebäude ist die **Kirche San Pedro**, ein typisch kanarischer, massiver Bau aus dem 17. Jh. Auf der meist menschleeren Plaza stehen Matixbäume mit zarten Blättern und rosaroten, kleinen kugeligen Früchten. Da die Früchte wie schwarzer Pfeffer schmecken, werden sie auch falsche Pfefferbäume genannt. Die **Paisaje Lunar**, eine der eindrucksvollsten Naturerscheinungen der Insel, liegt oberhalb und ist durch eine längere Wanderung zu erreichen ❭ S. 62. Die »Mondlandschaft« besteht aus weißen, meterhohen Tuffkegeln, die aus dem Kiefernwald ragen.

❭ S. 62

Hotel

Villalba
Camino San Roque s/n
38613 Vilaflor
Tel. 922 75 71 20
www.hotelesreveron.com
Edles Landhotel im kanarischen Stil mit Spa, 1 km außerhalb von Vilaflor, ruhige Lage am Waldrand. ●●●

Restaurants

Mehrere einfache Landgasthäuser servieren deftige kanarische Gerichte. Nutzen Sie die Gelegenheit, *Puchero Canario*, den traditionellen Eintopf der Bauern, zu probieren.

Ein bizarres Ziel für Bergwanderer: Paisaje Lunar

■ **Casa Chicho**
Calle Santa Catalina
Tel. 922 70 90 52
Den großen Speiseraum schmückt ein Kamin und altes Ackergerät an der Wand. Chicho und seine Frau verkaufen auch Kunsthandwerk und vermieten im Haus einfache Gästezimmer. ●●

Einkaufen

Das Centro de Artesanía an der Landstraße TF 21 unterhalb von Vilaflor ist ein Genossenschaftsladen spanischer Kunsthandwerker. Das Sortiment umfasst auch Arbeiten vom Festland.

Die Landstraße TF 21 zieht sich von Vilaflor bis hinauf in den Nationalpark. Aber so weit muss man für schöne Naturerlebnisse gar nicht fahren.

El Pino Gordo

Dieser dicke Baum (Stammumfang mehr als 9 m) ist mit 45 m die zweithöchste und älteste Kiefer von Teneriffa. Nach einer Rechtskurve auf der rechten Straßenseite wurde oberhalb von Vilaflor ein Aussichts- und Parkplatz angelegt. Die mit 56 m höchste Kiefer steht gegenüber.

Wanderung zur Paisaje Lunar

In der scharfen Linkskurve oberhalb des Pino Gordo verlässt der ausgeschilderte Forstweg zur Paisaje Lunar (Mondlandschaft) die TF 21. Eine Tafel informiert über den Verlauf. Der Weg weist keine besonderen Schwierigkeiten auf, wegen seiner Länge von 18 km, davon ca. 14 km auf dem Forstweg, erfordert er aber Kondition und Durchhaltevermögen.

Waldrastplatz Las Lajas

58 km von Vilaflor bietet dieser herrlicher Rastplatz mit Grillstellen, Trinkwasser, Spiel- und Sportplatz und Picknicktischen Gelegenheit zum Siestamachen und Zeitvertrödeln.

Der Westen

Nicht verpassen!

- Die gewaltige Steilküste vor Los Gigantes bewundern
- Eine Fahrt durchs wildromantische Tenogebirge mit grandiosen Aussichtspässen
- Von einer Restaurantterrasse den Blick auf das schönste Dorf Teneriffas, Masca, genießen
- Die wilde, einsame Nordküste entdecken
- Einen Bummel durch Garachico, das einem lebendigen Museum gleicht

Zur Orientierung

Isla Baja, »tiefere Insel«, nennen die Menschen im Nordwestzipfel ihre Region. Den Kern bildet das wildromantische **Tenogebirge**, das vollständig unter Naturschutz steht. 500 m fällt die Steilküste bei **Los Gigantes** zum Meer hin ab. Ebenso dramatisch zeigen sich die Felsenschluchten im Inneren des Massivs. Palmenhaine mildern im südlichen Teil das schroffe Bild der senkrechten Wände, Lorbeerwälder bedecken die nördlichen Berghänge. Dazwischen liegen winzige, von Terrassenfeldern umgebene Dörfer, wie z.B. **Masca**, das schönste Dorf Teneriffas. Noch vor etwa 40 Jahren verfügten die Orte über keine Verbindungsstraßen. In dieser Abgeschiedenheit lebten die Einwohner Jahrhunderte lang ohne Einflüsse von außen und relativ arm vom Ertrag des steinigen Bodens und von ihren Ziegenherden.

In den angrenzenden Ebenen verlief die Entwicklung dagegen in großen Sprüngen. **Garachico** an der Nordküste erlebte im 16. und 17. Jh. einen wirtschaftlichen und kulturellen Aufstieg und Fall. Erhalten blieb eine historische und gleichzeitig heute sehr lebendige Stadt. Die Umgebung von Garachico könnte die Titelseite eines Teneriffaprospekts illustrieren: dunkelgrüne Bananenplantagen vor blauem Meer und herrliche Gutshöfe mittendrin. Abseits der populären Inselrundfahrten zeigt sich der Norden ruhig und beschaulich.

Im 20. Jh. entstand in nur zwei Jahrzehnten um den vorher nahezu bedeutungslosen Fischerhafen Puerto Santiago am Südrand des Tenogebirges ein großes Urlaubszentrum: der Städtedrilling **Los Gigantes, Puerto de Santiago und Playa de la Arena**. Viel Sonne und Trockenheit, das touristische Wunschklima, war Voraussetzung für diesen Aufschwung. Die frische Brise, die gelegentlich über die Gebirgskämme weht, stört nicht – im Gegenteil: Sie macht die Luft klarer. Auf der nördlichen Bergseite ziehen dagegen häufiger Passatwolken auf. Über die Feuchtigkeit freuen sich dort nicht nur die Landwirte, sondern auch Naturschützer, denn der Nebelniederschlag ist Lebensgrundlage der Lorbeerwälder.

Touren in der Region

Durch das wildromantische Tenogebirge

8 **Los Gigantes ›** **Santiago del Teide ›** **Degollada de Cherfe › Masca › Garachico › Los Gigantes**

Distanzen: 75 km auf zum Teil sehr kurvigen Landstraßen, reine Fahrtzeit 3 Std.

Diese Tour führt vom modernen **Los Gigantes** › S. 67 ins Tenogebirge und das zauberhafte Masca. Zwischen Santiago del Teide und Masca sollten Sie auf dem Pass **Degollada de Cherfe** › S. 71 Halt machen – der Blick ist fantastisch. Ohnehin hat diese Route einige der schönsten Aussichtsplätze zu bieten (vgl. Echt gut!-Liste S. 71). In ****Masca** › S. 72 laden mehrere schöne Restaurants zu einer Mittagspause ein. Falls Sie noch ein Stück weiter fahren wollen, lohnt sich ein Stopp am Aussichtsplatz **Cruz de Gilda** (mit Restaurant). Den Abschluss des Programms bildet ein Besuch von ****Garachico** › S. 75 mit seinen Kirchen, Klöstern und Palästen aus dem 16. und 17. Jh. Zurück geht es über El Tanque mit Zwischenstation beim **Mirador de Garachico** › S. 71.

Von der Küste ins Hinterland

=9= **Los Gigantes** › **Playa de la Arena** › **Alcalá** › **San Juan** › **Guía de Isora** › **Chio** › **Arguayo** › **Los Gigantes**

Distanzen: 80 km auf Landstraßen, reine Fahrzeit 2,5 Std.

Diese Runde durch faszinierende, kaum bekannte Landschaften führt zum schönsten Badeplatz der Gegend und zum Hafenstädtchen **Alcalá** › S. 69, das der Tourismus noch nicht vereinnahmt hat. Von **Playa de San Juan** › S. 70 führt die Tour nach **Guía de Isora**. Der Ort ist keine Schön-

heit, deshalb geht es gleich weiter zur Straßenkreuzung bei Chio und die TF 23 hinauf. Die Straße führt durch eine unwirkliche Traumlandschaft aus schwarzen Aschehügeln, auf denen Kanarische Kiefern gedeihen. Mittendrin liegt der **Waldrastplatz Chio,** mit Grillstellen und Spiel- und Sportplatz ideal für eine Siesta. Der Rückweg führt durch ein junges Lavagebiet zum Töpferdorf **Arguayo** › S. 70. Von Arguayo über **Tamaimo** geht es zurück.

Ein Tag voller Abenteuer

=10= **Los Gigantes** › **Santiago del Teide** › **Masca** › **Barranco de Masca** › **Los Gigantes**

Distanzen: etwa 3,5 Std. Wanderung, 700 hm.
Praktische Hinweise: Bus von Los Gigantes bis Santiago del Teide (Linie 325, 460 oder 462), dann Umsteigen in die Linie 355 nach Masca. Die Bootsfahrt zurück nach Los Gigantes muss vorbestellt werden (vgl. S. 69).

Diese Tour verspricht mit einer spannenden Schluchtenwanderung und einer Schifffahrt zum Schluss viel Abwechslung. Die Wanderung durch den **Barranco de Masca** › S. 73 endet an der (steinigen) **Playa de Masca**, wo das Boot nach Los Gigantes auf Sie wartet › S. 69. Mit etwas Glück kann man auf der Rückfahrt Delfine sichten.

Ans Ende der Insel

⑪ Garachico › Buenavista del Norte › Teno Alto › Masca › Santiago del Teide › Garachico

Distanzen: 65 km auf kurvigen Landstraßen, reine Fahrtzeit etwa 2,5 Std.

Die Tour verläuft anfangs parallel zur Küste nach Westen. Von **Buenavista del Norte** sind Abstecher in den westlichen Inselzipfel nach **Punta de Teno** › S. 74 möglich, oder man fährt gleich hinauf in das einsame **Teno Alto** › S. 74. Nächste Station ist Teneriffas schönstes Dorf, ****Masca** › S. 72. Sie sollten dort unbedingt etwas Zeit für einen Bummel einplanen. Masca empfiehlt sich auch für ein kanarisches Mittagessen: Von allen Restaurants genießt man einen fantastischen Blick in die **Schlucht von Masca** › S. 73. Mit großartigen Ausblicken geht es weiter über die Pässe des Tenogebirges nach **Santiago del Teide,** einem kleinen Ort in einem malerischen Hochtal. Zum Schluss steht ein Besuch des **Mirador de Garachico** bei El Tanque › S. 71 mit herrlicher Aussicht über Garachico und Santiago del Teide auf dem Programm.

---

⑧

Durchs wildromantische Tenogebirge Los Gigantes › Santiago del Teide › Masca › Degollada de Cherfe › Garachico › Los Gigantes

⑨

Von der Küste ins Hinterland Los Gigantes › Playa de la Arena › Alcalá › San Juan › Guía de Isora › Chío › Arguayo › Los Gigantes

⑩

Ein Tag voller Abenteuer Los Gigantes › Santiago del Teide › Masca › Barranco de Masca › Los Gigantes

⑪

Ans Ende der Insel Garachico › Buenavista del Norte › Teno Alto › Masca › Santiago del Teide › Garachico

Unterwegs im Westen

Los Gigantes ❶, Puerto Santiago, Playa de la Arena

Charakteristisch für den Küstenabschnitt *Acantilados de los Gigantes sind steile Felswände, ein kleiner Fischerhafen und eine wunderbar weiche Sandbucht. Die Namen dreier Orte – Los Gigantes, Puerto Santiago und Playa de la Arena – stehen für ein Feriengebiet, das landschaftliche Schönheit, eine Prise Urbanität und Strandleben miteinander vereint. Unaufdringlich und ruhig, ganz ohne künstliche Aufgeregtheiten, zeigt sich das Gebiet von außen und genauso verläuft hier das Urlaubsleben.

In Los Gigantes lockt der **Puerto Deportivo**, ein Yachthafen mit Wassersport- und Freizeitangeboten. Dort treffen sich alle, die schippern oder einfach nur zuschauen wollen. Im gecharterten Segel- bzw. Motorboot oder mit einem Ausflugsschiff kann man zu einem Törn entlang der Küste ablegen. Mit etwas Glück lassen sich Wale und Delfine beobachten. Etwas geruhsamer sitzt es sich auf einer der vielen Restaurantterrassen. Beim Essen in maritimer Atmosphäre kann man den Booten beim An- und Ablegemanöver zusehen.

Eine **Promenade** zwischen Felsenküste und Meer verbindet die drei Ortschaften. Auf einem herrlichen Spaziergang bietet sich von überall ein Blick aufs Meer. Entlang des ganzen Küstenstreifens, neuerdings sogar die Steilküste hinauf, wachsen Apartmentanlagen und Hotels aus dem Boden. In freundlichen Pastelltönen, mit kanarischen Stilelementen und kaum mehr als vierstöckig stehen sie in üppigen tropischen Gärten. In den Durchgangsstraßen und im Centro Comercial von Playa de la Arena befinden sich Geschäfte und Restaurants, aber kaum Nachtclubs und Diskotheken. Szenegänger sind deshalb im Süden besser aufgehoben.

Klippen bei Los Gigantes

Info

Büro der Touristeninformation im Centro Comercial Playa de la Arena, direkt hinter dem Strand, 1. Stock, Tel. 922 860348, www.steide.es. Mo–Fr 9.30–15.30 Uhr, Sa 9.30–12.30 Uhr.

Busse

Das Ferienzentrum liegt nicht im Schnittpunkt des Busverkehrs, aber mit etwas Planung lassen sich die großen Orte an der Süd- und Nordküste erreichen (Abfahrtszeiten bei der Touristeninformation). Die Busstationen liegen an der **Carretra General,** der Verbindungsstraße durch Playa de la Arena und Puerto Santiago, sowie **oberhalb des Zentrums** von Los Gigantes.

Hotel

Barceló Santiago
La Hondura 8
38683 Puerto Santiago
Tel. 922 86 09 12

www.barcelosantiago.com
Neunstöckiges Vier-Sterne-Hotel in bevorzugter Lage mit Blick aufs Meer und die Klippen. Großer Garten, Tennisplätze und Pool. ●●

Restaurants

■ Casa Pancho
Playa Arena s/n
38683 Santiago del Teide
Tel. 922 10 13 23
In dem sehr schönen, großen Gartenlokal sitzt man beim Essen unter Bäumen und genießt eine variantenreiche kanarische Küche sowie gute Fischgerichte. Di–So 13–16, 19–22 Uhr. Mo geschlossen. ●●

■ Miranda′s
Flor de Pasqua 11
38683 Los Gigantes
Tel. 922 10 02 07
Gepflegtes Lokal mit guter Auswahl an kanarischen Gerichten. Di–So 13–16, 19–22 Uhr. Mo geschl. ●●

Badeplätze von Süd nach Nord

Trotz der Steilküste hat das Ferientriple schöne Badegelegenheiten zu bieten:

Playa de la Arena: Der von Felsen eingerahmte, gepflegte, fast schwarze und natürliche Sandstrand mit Palmen und Blumenschmuck gehört zu den schönsten Teneriffas. Die Brandung rollt manchmal heftig schäumend auf den Ufersaum. Vorsicht vor der Unterströmung! Die EU hat Playa de la Arena mit der blauen Umweltflagge ausgezeichnet (❯ S. 22).

Lago Santiago: Die Badelandschaft mit Seen, Inseln, Wasserfall und Kinderspielplatz liegt zwischen den Apartments Europa und dem Hafenbecken von Puerto Santiago.

Oasis: Die etwas schlichtere Badeanlage mit Rasenflächen, großem und kleinem Pool, Kiosk und Restaurant befindet sich im Ortsteil Los Gigantes.

El Laguillo: Ein künstliches Badeparadies mit Seen, Wasserfall, Insel, Kinderspielplatz, Bars und Restaurants.

Playa de los Guios: Der sehr geschützte und damit kinderfreundliche Strand liegt etwas versteckt zwischen der Steilküste Los Acantilados de los Gigantes und dem Sporthafen, wo es Kioske und Restaurants gibt.

Puerto de Santiago kann mit einem schwarzsandigen Strand aufwarten

Aktivitäten

Der nördliche Hafenbereich (Sporting Point) ist der Treffpunkt der Aktiven. Hier gibt es alle Informationen und Reservierungen für Segel- und Tauchkurse sowie Bootscharter mit und ohne Skipper (nur mit Schein, Info unter Tel. 922 86 19 18). Im Hafen legen Motorschiffe zum Whalewatching entlang der Küste und Glasbodenboote zu Unterwasserbeobachtungen ab. Kleine, versteckte Buchten, die von Land aus kaum zu erreichen sind, werden dabei angesteuert. Die Nashira Uno und Gladiator U stoppen am Strand von Masca und nehmen nach vorheriger Anmeldung Wanderer mit zurück nach Los Gigantes (Fahrpreis ca. 10 €). Reservierung unter Tel. 922 86 19 18 und 922 86 07 26.

Nachtleben

Abends werden zwar nicht gleich die Bürgersteige hochgeklappt, aber im Vergleich zu den Touristenzentren im Süden ist es hier ruhig. Die Nachtschwärmer treffen sich in Los Gigantes rund um das **Hotel Los Gigantes**. Im Green Bottle und im Harbour Club hört man Jazz und Oldies live.

Alcalá ❷

In dem **idyllischen Fischerdorf** an der Westküste ist der Alltag noch beschaulich. Die zentrale Plaza zeigt die typische Bepflanzung mit indischen Lorbeerbäumen, am Rand haben Bar und Café die Tische nach draußen gestellt. Ein paar Schritte weiter am Hafen verschwatzen die Alten den Tag, während die Kinder kreischend im Wasser toben. Hierher gelangten in der Vergangenheit nur wenige Individualisten, um abseits des Trubels frische Fischgerichte zu genießen oder in der einzigen Pension des Orts ein paar ungestörte Ferientage zu verbringen. Inzwischen hat der Tourismus Alcalá entdeckt, und an den Ortsrändern entstehen die ersten großen Apartmentanlagen.

Aussichtsplatz im Tenogebirge am Cruz de Hilda

Pensión Alcalá

Calle Marruecos 2][**38686 Alcalá**
Tel. 922 86 54 57
www.pensionalcala.com
Vermietet werden große, einfache Zimmer mit Bad und ein Apartment auf der Dachterrasse. Eine originelle Bar und ein Restaurant sind im Haus. ●

■ La Escondida

Pasaje el Ancla 1 (im Hafen)
Tel. 922 86 50 80][**www.escondida.es**
Ob Sie im Restaurant mit den großen Panoramafenstern speisen oder in der Lounge Bar chillen – die Stimmung ist immer relaxed. Tgl. 13–16, 19 bis 2 Uhr, Di geschl. ●●

■ Casa Juana

Calle Virgen de la Candelaria 13
In dem Traditionsrestaurant gibt es stets frischen Fisch. Am Grill im Gastraum kann man dem Küchenchef bei der Zubereitung zuschauen. 12–15, 20–22 Uhr, Mi geschl. ●

Playa de San Juan ❸

Schäumend brandet das Meer an die schwarze, flache Vulkanküste. Bei einem Spaziergang auf der langen Promenade kann man den Krabbensammlern und Anglern zusehen oder in einem der Terrassenlokale einkehren. Vom Hafen des ruhigen Fischerorts starten Ausflugsboote.

Arguayo ❹

Oberhalb von Los Gigantes liegt das Töpferdorf Arguayo am südöstlichen Rand des Tenogebirges, nur über die landschaftlich sehr schöne Nebenstraße TF 375 zu erreichen. Ohne Drehscheibe, nur mit den Händen stellen die Frauen hier seit Menschengedenken Schüsseln und Töpfe her. Aufbautechnik nennt man diese Produktionsweise, bei der Tonrollen übereinander gelegt und durch Verstreichen miteinander verbunden werden. Im **Museo de Alfarería** (Töpfermuseum) am Ortsausgang Richtung Santiago del Teide werden die einzelnen Arbeitsgänge vorgeführt. Eine Ausstellung zeigt die Ähnlichkeit der heutigen Formen mit Fundstücken aus der Guanchenzeit und aus Nordafrika (Di–Fr 10–13, 16–19 Uhr).

Tenogebirge

Die bezaubernden Bergdörfer im Tenogebirge (wie Masca, Teno Alta, Punta de Teno) sind inzwischen an das öffentliche Straßennetz angeschlossen. Bevor aber der Fortschritt in Gestalt von grauen Betonblöcken oder Hotelburgen einziehen konnte, hat die kanarische Regierung vorausschauend das Tenogebirge mehrfach unter Schutz gestellt. Die Landschaft wurde zum **Parque rural** erklärt, eine Nutzungsänderung damit ausgeschlossen. Die Dörfer, Musterbeispiele kanarisch-ländlicher Architektur, stehen alle unter Denkmalschutz.

Die tiefen Schluchten und hohen Zinnen des Massivs sind eine Alterserscheinung. Viele Millionen Jahre brauchte Wasser, Wind und Wetter, um die markanten Gebilde zu schleifen. An den nördlichen Flanken des Tenogebirges blieb ein Stück des ursprünglichen Lorbeerwaldgürtels erhalten, weil sich in den extrem steilen Schluchten weder Land-

wirtschaft noch Holzeinschlag lohnte. Nur wenige Kilometer weiter südlich, in Richtung Urlauberzone, fehlt die Feuchtigkeit der Passatwolken. Deshalb können sich zwischen den nackten Felsen und Schluchten nur anspruchslose Wolfsmilchgewächse, mehrere Kakteenarten und Ginsterbüsche halten. Den landschaftlichen Reiz der Täler verstärkt der Kontrast zwischen den kargen Felsen und elegant geschwungenen Palmwedeln.

Die schönsten Aussichtsplätze

■ **Degollada de Cherfe:** Zwischen Santiago del Teide und Masca bietet sich auf dem Cherfepass (1049 m) ein fantastischer Blick auf das Tenogebirge und zurück auf den Teide.

■ **Cruz de Hilda:** Von der Aussichtsterrasse des Café-Restaurants auf einem Bergsattel nördlich von Masca bietet sich ein zauberhafter Blick auf das Dorf ❭ S. 70.

■ **Mirador de Baracán:** Am Tabaibapass (917 m) eröffnet sich ein Panoramablick über die schroffen Schluchten des Nordwestzipfels und auf das sanfte Tal von El Palmar.

■ **Mirador de Garachico:** Abseits vom Tenogebirge – an der TF 82, dort, wo die Straße nach El Tanque und Garachico abbiegt – liegt der ausgebaute Aussichtsplatz mitten auf dem Lavafluss, der 1706 weite Teile von Garachico verschüttete. Der Blick auf das weiße Städtchen, das vor dem schäumenden Meer liegt, ist einfach fantastisch.

Info

Das Besucherzentrum **Finca Los Pedregales** liegt **am Ortsrand von El Palmar** (ausgeschildert). Eine Ausstellung informiert über Flora, Fauna und Landwirtschaft im Tenogebirge. Außerdem bekommt man Infomaterial und Wanderbeschreibungen. Mo–Di 9–15, Mi bis So 10–16 Uhr, Tel. 922 12 91 87.

Bus

Der Bus Linie 355 von Buenavista del Norte durch das Tenogebirge nach Santiago del Teide und zurück verkehrt täglich (wenige Abfahrtszeiten).

Shopping

Echt gut!

Auf dem **Bauernmarkt** (Mercadillo), der sonntags auf dem Gelände der Finca Los Pedregales stattfindet, verkaufen die Landwirte der Region ihre Produkte.

3 **Masca 5

Auf drei Felsrücken schwebt das Dorf über dem Abgrund der Mascaschlucht. Lomo de Masca, Masca und La Vica heißen die Ortsteile, deren Häuser im Lauf der Jahrhunderte in Eigenarbeit errichtet wurden. Als Baumaterial dienten Natursteine, die ohne Mörtel aufeinander geschichtet werden. Die Dächer decken rote, im Ort gebrannte Lehmpfannen. Blumen und Bougainvilleen leuchten intensiv vor den dunklen Steinmauern.

Das Ortszentrum umgeben kleine Gemüseterrassen, Weinfelder und Obstgärten. Als Ausgangspunkt für Spaziergänge und Wanderungen findet man hier auch die meisten Bars und Restaurants. Masca gilt heute als schönstes Dorf Teneriffas. Sein Ruf beschert ihm täglich tausende Tagesausflügler – fast so viele wie dem Nationalpark Teide –, die die vielen Serpentinen hinunterkurven, um seine unvergleichliche Lage und Schönheit zu bewundern.

Unterkunft

Für Gäste stehen Häuser des Turismo rural › S. 23 und Zimmer beim Restaurant **El Guanche** zur Verfügung (**Tel. 922 86 34 24**). Wer hier übernachtet, erlebt das Dorf und die Landschaft von 17 bis 11 Uhr in vollkommener, ländlicher Stille. Achtung: Schlüssel bis 17.30 Uhr abholen!

Restaurants

Von allen Lokalen im Dorf bietet sich ein fantastischer Blick in die Schlucht. Ab 18 Uhr schließen die Restaurants. Beide genannten Adressen liegen im mittleren Ortsteil Mascas, am bergab führenden Treppenweg.

■ **El Guanche**
Am Eingang zum Barranco
Tel. 922 86 34 24
Der Restaurantbetrieb im alten Schulhaus ist nach einem Brand 2007 noch eingeschränkt. Drei einfache Zimmer (ohne Bad) werden an Gäste vermietet. Genießen Sie nach Abfahrt des letzten Busses (nach 16/17 Uhr) bei einem Glas Wein **idyllische Momente mit herrlicher Aussicht.** ●●

Echt gut!

■ **Chez Arlette**
Tel. 922 86 34 49
Auf der großen, schön geschmückten Terrasse kann man von der Speisekarte aus allen Varianten der Inselküche auswählen. Sa geschl. ●●

Das malerische Bergdorf Masca ist eine Streusiedlung

Einkaufen

Mandeln, Honig, Feigen, Mandarinen und die safranähnlichen Samenfäden der Färberdistel u.a.m. werden am Dorfplatz und an den Aussichtspunkten angeboten. Die Frauen von Masca verkaufen außerdem selbst gefertigte Sonnenhüte und Taschen aus Palmstroh an. In Teno Alto wird köstlicher Käse hergestellt.

Wanderung durch die *Schlucht von Masca

Eine Tour durch den Barranco de Masca gehört zu den herrlichsten Wanderungen auf Teneriffa. Sattgrüne, sanft geschwungene Palmwedel kontrastieren mit den hohen, fast schwarzen Felswänden. Auf dem harten Schluchtgrund plätschert ein Bach, Miniwasserfälle bilden Becken, an denen Röhrich und Farne wuchern.

Alle Anbieter von geführten Tageswanderungen haben den Barranco de Masca im Programm.

Die Gruppen steigen von oben durch die Schlucht und lassen sich am Strand von Booten abholen, die sie zum Puerto Deportivo nach Los Gigantes bringen. Den Transport können Sie auch individuell organisieren. Anfahrt mit Taxi oder Bus (Linie 355 ab Buenavista del Norte, ab Los Gigantes mehrere Linien); Rückfahrt mit dem Boot › S. 69. Die Wanderung ist kein Spaziergang! Sie dauert ca. 3,5 Std. und beinhaltet einen Höhenunterschied von 700 m. Der Weg ist manchmal steil und rutschig, Trittsicherheit deshalb unerlässlich. Ohne feste Schuhe mit gutem Profil, Verpflegung, Wasserflasche, Kopfbedeckung und Sonnenschutz sollten Sie keinesfalls aufbrechen. Der ausgeschilderte Einstieg liegt im unteren Teil von Masca. Unterwegs ist die Richtung durch die Schlucht vorgegeben – verlaufen können Sie sich nicht, wohl aber

Liegt in einem Naturschutzgebiet: das Westkap Punta de Teno

zwischen den Felsen versteigen. Achten Sie deshalb auf Steinmännchen, die den Weg weisen. Sonntags ist die Route stark frequentiert, dann sind auch einheimische Gruppen unterwegs.

Teno Alto 6

Abseits der Verbindungsstraße liegt das Dorf Teno Alto auf der Höhe des westlichsten Gebirgszipfels. Eine Nebenstraße führt von El Palmar hinauf, vorbei am Besucherzentrum. Hier wird es merklich kühler als in Masca, Wolkenfetzen treiben über die Berge, und am Straßenrand wächst dicht und dunkelgrün der Fayal-Brezal (Baumheide und Gagelstrauch). Das stille, schlichte Dorf liegt weniger exponiert als Masca. Ohne den Tagesausflugsverkehr wie in Masca lässt sich gut nachvollziehen, wie abge-

schieden und einsam die Menschen hier über Jahrhunderte lebten.

Restaurant

El Bailadero
Tel. 922 69 30 60
Die Spezialität des einzigen Restaurants im Dorf ist geschmortes Ziegenfleisch mit Soße. ●

Einkaufen

Im kleinen Laden gegenüber dem Restaurant kann man den örtlichen Wein und Bergkäse probieren und kaufen.

Punta de Teno 7

Nirgends leuchtet das Meer stärker in seinen Farben als an den roten Felsen des von einem Leuchtturm gekrönten Kaps am Nordwestzipfel der Insel. Hier liegen zwei kleine Strände – in den Sommerferien ein Lieblingsziel der Einheimischen. Die Fahrt zum westlichsten Punkt der Insel kann sich zu einem richtigen Abenteuer entwickeln. Der letzte Straßenabschnitt der TF 445 ist häufig gesperrt, weil Teile der überhängenden Felswände nach Regenfällen herunterpoltern (keine Fahrt nach und bei Regen!). Auch wenn die Straße offen ist, bleiben die Warnschilder stehen.

4 **Garachico** 8

Kontrastreich ist auch das Erscheinsbild von Garachico. Auf einer tiefschwarzen, halbkreisförmigen Zunge aus Vulkanstein ragt das weiße Städtchen in den Atlantik. Vom ebenfalls tiefschwarzen Hang hinter Garachico floss 1706 zweimal Lava hinunter und verschüttete die damals wichtigste Hafen- und Handelsstadt Teneriffas. Die verängstigten Menschen flohen vor der Armut, viele über den Ozean in die damaligen spanischen Kolonien. Trotz des schnellen Wiederaufbaus konnte Garachico nicht mehr seine frühere Bedeutung erlangen. Die Stadt wurde zu einem schönen, aber verschlafenen Provinznest.

Stadtbummel

Man sollte Garachico als Gesamtkunstwerk betrachten, das seine alten Bauschätze im Vorübergehen zeigt und hier und dort seine Tore öffnet. In keinem anderen Ort auf Teneriffa kann man so ungestört durch die nur Fußgängern vorbehaltenen Altstadtgassen schlendern.

Küstenbefestigung in Garachico

An der **Plaza Glorieta de San Francisco** stehen mit der **Kirche** und dem **Kloster San Francisco** die ältesten, von der Lava verschonten Gebäude. Beide stammen noch aus dem 16. Jahrhundert. In der Klosterkirche beeindruckt besonders die Holzdecke im Mudéjarstil. Gold- und Silberschmuck passten nicht zum Armutsideal der Franziskaner. Zu den wichtigsten Kunstschätzen gehören deshalb Skulpturen, darunter eine sitzende Christusfigur.

Im ehemaligen Kloster befinden sich heute Rathaus und **Stadtmuseum**. Treten Sie ein und bewundern Sie den klassischen kanarischen Stil, den mit Palmen bestandenem Innenhof und die Galerien – auf den Besuch der Ausstellung präparierter Vögel und aufgespießter Schmetterlinge kann man dagegen verzichten.

Ein düsteres Kapitel beleuchtet die Ausstellung zur Stadtgeschichte vor dem Vulkanausbruch. Nicht nur Wein wurde vom Hafen verschifft – die Stadtgründer verdienten auch am »schwarzen Gold«, dem Sklavenhandel (Mo bis Fr 9–19, Sa und So 9–15 Uhr).

Die restaurierte **Casa Quinta Roja** gegenüber von Kloster und Kirche beherbergt heute ein edles Hotel. Man darf den Eingangsbereich betreten, um den schönen Innenhof zu bewundern.

Die **Plaza de la Libertad** mit dem gerade restaurierten **Palacio de los Condes de la Gomera,** schließt sich direkt an. Die Plaza verdankt ihren Namen dem Befreier Südamerikas von spanischer Kolonialherrschaft, Simón Bolívar, dessen Büste an exponierter Stelle steht. Seine Vorfahren verließen die Stadt nach dem verheerenden Vulkanausbruch und wanderten nach Caracas/Venezuela aus. Der Platz, an dem es einen schmucken Getränkekiosk gibt, ist ein beliebter Treffpunkt, um Kaffee oder Wein zu trinken und eine Runde Domino zu spielen.

Die helle **Kirche Santa Ana** (neben der Plaza) mit barocken Fassadenelementen entstand im 18. Jh. als Pfarrkirche. Ihre Vorläuferin, eine der ältesten Kirchen der Insel, hatte die Lava 1706 ebenso begraben wie alle Häuser westlich des Gotteshauses. Einige der alten Kunstwerke blieben verschont: Die Figuren des Gekreuzigten am Hauptaltar (Sevilla, um 1640) sowie der hl. Anna und des hl. Joachim beiderseits davon.

An der Küste

Heute ziert ein schöner Park mit Wasserspielen die Stelle, von der aus sich einst die Lava ausbreitete. Während die Hafenanlagen und Lagerhäuser unter der Lava verschwanden, überstand das massive, Anfang des 17. Jhs. erbaute **Castillo de San Miguel** den Vulkanausbruch. Heute ist darin ein Museum mit Mineralien, Muschel- und Schneckensammlungen untergebracht (Mo–Fr 10–18, Sa/So 10 bis 14 Uhr).

Parallel zur Küstenstraße verläuft die **Calle Esteban Ponte**, an der weitere sehenswerte Gebäude liegen. Hinter der Hausnr. 32 verbirgt sich in zwei sorgfältig restaurierten früheren Stadtpalais der Familie Ponte aus dem 18. Jh. das **Hotel San Roque**. Daneben befindet sich das **Franziskanerinnenkloster** und gegenüber die **Klosterruine San Juan**, die noch auf ihre Restaurierung wartet.

Etwas abseits liegt im östlichen Stadtteil das ehemalige **Dominikanerkloster** (erbaut 1720 bis 1730), das heute zugleich als Altersheim und Museum für moderne Kunst dient. Eine Reihe von Holzbalkonen an der Fassade macht die Gebäudegruppe besonders attraktiv.

Info

Das Büro der **Touristeninformation** liegt etwas versteckt in der Calle Esteban Ponte 9. Neben allgemeinen Infos über Teneriffa erhält man hier auch eine Broschüre über die Sehenswürdigkeiten der Altstadt. Mo–Sa 10–15 Uhr.

Badespaß ohne Chlor im Meerwasserschwimmbecken bei Garachico

Bus

Ab Santa Cruz: Linie 107 alle zwei Stunden; ab Puerto de la Cruz: Linie 363 stündlich.

Einkaufen

Stickerinnen und Zigarrendreherinnen kann man in der **Casa de los Balcones** (Gebäudekomplex zwischen der Küstenstraße Avda. Tome Cano und Calle Esteban Ponte) bei der Arbeit zuschauen. In einem der größten Kunsthandwerkszentren Teneriffas steht Schönes und Kitschiges nebeneinander – nicht alles wurde tatsächlich auf der Insel produziert. Mehrere kleine Läden für Kunsthandwerk befinden sich in der Calle Esteban Ponte.

Hotels

■ **San Roque**
Calle Esteban Ponte 32
38450 Garachico
Tel. 922 13 34 35
www.hotelsanroque.com

San Roque ist das wohl <mark>originellste Designerhotel Teneriffas:</mark> Zwei benachbarte Stadtpalais aus dem 18. Jh. wurden detailgetreu restauriert und mit neuester Technik, vielen Finessen und modernen Wohnelementen ausgestattet. ●●●

Echt gut!

■ **Patio**
Finca Malpaís, El Guincho
Etwas außerhalb in Richtung Osten
38450 Garachico
Tel. 922 13 32 80
www.hotelpatio.com
Auf einem ihrer schönsten Güter an der Küste hat die adelige Familie Ponte ein feudales Landhotel eröffnet. ●●

Restaurant

El Caletón
Avda. Tomé Cano 1
Tel. 922 13 33 01
Großes Terrassenrestaurant neben dem Castillo; mit Meeresblick, umfangreicher Speisekarte und vielen Fischgerichten. ●●

Puerto de la Cruz und der Norden

Nicht verpassen!

- Einen Besuch im schönsten Tier- und Pflanzengarten der Insel: im Loro Parque
- Baden in von Künstlerhand gestalteten Seen: im Lago Martíanez in Puerto de la Cruz
- Waldspaziergang mit Picknick bei Aguamansa
- Bummeln und shoppen in der Altstadt von La Orotava
- Staunen über den angeblich ältesten Drachenbaum der Welt in Icod de los Vinos

Zur Orientierung

Im Norden nahm alles seinen Anfang: Nach ihrem Sieg über die Ureinwohner ließen sich vor mehr als 500 Jahren die Spanier hier nieder; die ersten Städte entstanden im Norden. Vor mehr als 200 Jahren geriet der prominenteste Teneriffabesucher, Alexander von Humboldt, angesichts der landschaftlichen Schönheit und Pflanzenvielfalt ins Schwärmen und löste damit einen Ansturm von Botanikern aus. Und vor mehr als 100 Jahren verbrachten die ersten Feriengäste ihren Urlaub in Puerto de la Cruz im Hotel Taoro.

Größter Ferienort des Nordens ist **Puerto de la Cruz** mit Hotels und Apartmentanlagen in allen Kategorien. Individueller und edel wohnen Touristen in den Hotels von **Orotava**, ländlich auf Fincas in den sogenannten *Medianias,* den landwirtschaftlichen Zonen in mittlerer Höhenlage.

Der Norden, insbesondere das Orotavatal, war immer schon das Ziel der Teneriffakenner. Im **Orotavatal** verbinden sich in den Gipfelzonen immergrüne Kiefernwälder mit den Felsmassiven zu rauer Schönheit. Eher lieblich präsentieren sich die mittleren Lagen, mit ihren weiß getünchten Bauernhäusern zwischen Feldern und Obstgärten. In den tieferen Zonen liegen die Bananenplanta-

Orotava ist eine Stadt der Kirchen und Klöster

gen, die ihren Besitzern Wohlstand bescherten, so dass sie sich schöne Haciendas leisten konnten. Überragt wird die vielfältige Landschaft vom Teide, der ihr in den Wintermonaten mit seinem weiß glitzernden Schneegipfel gleichsam die Krone aufsetzt. Nur die expandierenden Städte stören das sonst so perfekte Bild.

Der Zuckerrohranbau machte **Orotava** reich, **Icod de los Vinos** florierte im 16./17. Jh. als Zentrum des Weinanbaus. Hafenstädte wie Puerto de la Orotava, wie **Puerto de la Cruz** früher hieß, und **Garachico** waren wichtige Handelszentren. Die alten Städte sind architektonische Schmuckstücke geblieben.

Sonnenschein ist im Norden nicht garantiert: An vielen Tagen verhängen Wolken den Himmel und im Winterhalbjahr müssen Wanderer im Orotavatal mit Regen rechnen. Ganz oben im Nationalpark strahlt aber auch dann die Sonne. Der Wasserreichtum lässt Wälder und Plantagen ergrünen und macht die **Parks und Gärten** in Puerto de la Cruz und Orotava zu subtropischen Paradiesen. Nicht immerwährender Sommer wie im Süden zieht die Gäste hierher, sondern die abwechslungsreiche Landschaft mit mildem, ausgeglichenem Klima, Städte mit Geschichte und Kultur und eine Umgebung mit zahlreichen schönen Ausflugszielen.

Touren in der Region

Superlative erleben

**━⑫━ Puerto de la Cruz ›
Icod de los Vinos › Cueva del
Viento › Playa de San Marcos
› Puerto de la Cruz**

Distanzen: 65 km auf Landstraßen, reine Fahrzeit knapp
2 Std.

Wer die familientaugliche Tour
mit Schulkindern unternimmt,
kann evtl. **San Juan de la Rambla**
› S. 97 als Auftakt auslassen, weil
das kleine Fischerdorf mit malerischen Gassen nicht besonders
spektakulär ist. In ***Icod de los**
Vinos › S. 98 wächst der bekannteste Drachenbaum der Welt –
mittlerweile von einem Themenpark umgeben. Oberhalb der
Stadt liegen die nicht weniger ein-
drucksvollen Vulkanröhren und
-höhlen ***Cueva del Viento ›**
S. 99. An der dunklen **Playa San**
Marcos › S. 99 kann man zum
Abschluss entspannen und preiswert gegrillte Sardinen knabbern.

Für kleine und große Leute

**━⑬━ Puerto de la Cruz ›
Pueblo Chico › Aguamansa/
La Caldera › Los Organos ›
Puerto de la Cruz**

Distanzen: 50 km auf Landstraßen, reine Fahrzeit gut
1 Std.

An dieser Runde haben auch kleinere Kinder Freude. Zwischen
den Miniaturstädten und -land-
schaften in **Pueblo Chico ›** S. 92
fühlen sich Kleine ganz groß. Anschließend geht es mit selbst mit-
gebrachten Würstchen zum Grillen auf den Waldrastplatz **La**
Caldera › S. 91 bei **Aguamansa,**
wo Gelegenheit zum Spielen und
Austoben besteht. Am Wochenende herrscht hier Hochbetrieb
mit tinerfensischen Ausflüglern.
Wer möchte, unternimmt vom
Rastplatz aus nachmittags noch
eine Wanderung zu den Orgelpfeifen ähnelnden Felsformatio-
nen **Los Organos ›** S. 92. Für
Kinder eignet sich am besten die
kürzere Variante, ein rund zwei-
stündiger Spaziergang.

Altstadtbummel

> ━14 ▸ **Puerto de la Cruz** ❯
> **San Juan de la Rambla** ❯
> **Los Realejos** ❯ **La Orotava** ❯
> **Mirador de Humboldt**

Distanzen: 55 km auf Landstraßen, reine Fahrzeit gut
1 Std.

Altstadtbummel und Besichtigungen stehen bei dieser Tour im
Mittelpunkt. **San Juan de la Rambla** ❯ S. 97 gibt sich bescheiden
und ist noch frei von Tourismus.
In **Los Realejos** ❯ S. 96 lohnt sich
die Besichtigung der 1498 dem
spanischen Nationalheiligen ge-
weihten Kirche Santiago Apostól.
Vom nahe gelegenen Rathaus genießt man einen guten Überblick
über das Tal.

Die Altstadt von ****La Orotava**
❯ S. 93 ist zwar garantiert etwas
voller, aber mit ihrem guten Shop-

ping- und Restaurantangebot das
Highlight des Ausflugs. Beim Spaziergang durch die Altstadt entdeckt man Kleinode kanarischer
Architektur. In der wohlverdien-
ten Pause lassen sich Genießer
dann in der besonderen Atmosphäre eines alten Stadthauses die
kanarische Küche schmecken.

Entspannung für das Auge bietet zum Schluss der Tour der weite Blick vom **Mirador de Humboldt** ❯ S. 92, derjenigen Stelle, an
der 1799 der Forscher gestanden
haben soll und sein Lob auf die
Schönheit der Insel anstimmte.

Verkehrsmittel

Alle Touren unternimmt man am
praktischsten mit dem Leihwagen.
So ist man unterwegs flexibel,
kann jederzeit anhalten und erreicht auch abgelegenere Ziele
ohne große Umstände.

━12 ▸ **Superlative erleben** Puerto de la Cruz ❯ Icod de los Vinos ❯
Cueva del Viento ❯ Playa de San Marcos ❯ Puerto de la Cruz

━13 ▸ **Für kleine und große Leute** Puerto de la Cruz ❯ Pueblo Chico ❯ Agua-
mansa/La Caldera ❯ Los Organos ❯ Puerto de la Cruz

━14 ▸ **Altstadtbummel** Puerto de la Cruz ❯ San Juan de la Rambla ❯
Los Realejos ❯ La Orotava ❯ Mirador de Humboldt

Unterwegs in Puerto de la Cruz ❶

Puerto nennen die Einwohner und Stammgäste das größte Urlauberzentrum im Norden kurz und knapp. Es lebt zwar heute überwiegend vom Tourismus, aber selbst in der Hochsaison wohnen hier mehr Einheimische als Feriengäste. Beide Gruppen bestimmen gleichermaßen das Stadtbild und nehmen Rücksicht aufeinander. Die Urlauber tragen ihre Badehose nur am Strand, und die freundlichen Städter antworten geduldig auf Fragen in fremden Sprachen und reagieren gelassen, wenn sich bei einer Fiesta die Kameras auf sie richten.

Die Stadt wuchs im Lauf der Jahrhunderte zu ihrer jetzigen Größe mit 32 000 Einwohnern und 30 000 Gästebetten an. Als Puerto de Orotava war sie im 17. und 18. Jh. der wichtigste Güterumschlagplatz Teneriffas. Um den Hafen entstanden Wohnviertel und Kirchen. Ende des 19. Jahrhunderts entdeckten die ersten betuchten Engländer, wie angenehm es sich hier bei frühlingshaften Temperaturen überwintern lässt. Richtig in Schwung kam der Tourismus ab Ende der 1950er-Jahre. Trotz so manchen Ausrutschers in Richtung Massentourismus hat sich Puerto de la Cruz weitgehend den Charakter eines traditionellen Badeortes bewahrt. Man pflegt hier einen urbaneren Stil als im Süden. Zwar sind auch neue Badeplätze in Planung, aber die Anlage von Parks, Spazier- und Wanderwegen ist genauso wichtig.

Ein Bummel über Promenaden und Plätze führt zu vielen attraktiven Punkten der Stadt, aber auch etwas abseits des Zentrums kann man auf eigenen Wegen eine Menge Sehenswertes entdecken.

Stadtbesichtigung

Wer von außerhalb kommt, sollte die Autobahnausfahrt »El Botánico« nach Puerto nehmen und der Beschilderung zum Botanischen Garten ins Zentrum folgen. Am **Mirador de la Paz** kann man sich zunächst einen Überblick von oben verschaffen und entweder dort parken und zu Fuß über den Treppenweg Camino de las Cabras zum Centro Comercial Martiánez gehen, oder zum Einkaufszentrum weiterfahren und dort im Untergeschoss parken.

Flanieren und Baden

Das mit Glaspyramiden schön gestaltete **Centro Comercial Martiánez** Ⓐ an der Calle Águilar y Quesada bietet gute Einkaufsmöglichkeiten und – wichtig im Zentrum von Puerto – eine Tiefgarage. Hier gibt es nahezu alles, Buchläden mit Wanderführern und Kartenmaterial, schicke Modeboutiquen, den größten Supermarkt der Stadt und im Bioladen Vollkornbrot. Die Palmenallee vor dem Einkaufszentrum führt abwärts zur kleinen, schwarzsandigen **Playa Martiánez,** die von Molen geschützt wird. Eine autofreie Promenade verbindet den Stadtstrand mit der Avenida de Colón.

Gratisbusse fahren in der Avenida de Venezuela ab und bringen die Besucher zum **Loro Parque** › S. 86 und anderen etwas außerhalb der Stadt gelegenen Themenparks.

Seit sie für den Verkehr gesperrt und begrünt wurde, hat sich die **Avenida de Colón** zur beliebten Bummelmeile entwickelt. Tagsüber flanieren die Feriengäste auf dem Weg zu den Badeanlagen und zum Strand hier entlang oder genießen die Urlaubsatmosphäre auf den Caféterrassen. Abends wird die Avenida zum Laufsteg für gestylte Bummler und Diskogänger.

› S. 86

Lago Martiánez – ein Geniestreich

Nachtleben

Voll wird es in den Diskotheken nicht vor 24 Uhr, auch wenn sie schon früher öffnen. Im Azucar werden lateinamerikanische Rhythmen aufgelegt, **Calle Blanco/Iriarte,** im Victoria im **Hotel Teneriffa Playa** internationale Popmusik.

Rechter Hand erstrecken sich die von César Manrique entworfenen Badeseen ***Lago Martiánez** ❸ und **Lido de San Telmo.** Mit heimischen Materialien wurde Natur kunstvoll konstruiert. Vom Wasser abgeschliffene Steinbrocken

fanden in der Anlage ebenso Verwendung wie von der Sonne ausgeblichene Baumstämme. Acht Badeseen und künstliche Inseln bilden ein Ensemble, das beim Publikum ankommt (tgl. 10 bis 17 Uhr). Das **Casino** von Puerto de la Cruz residiert auf der Insel im Lago Martiánez (tgl. 20–4 Uhr, Tel. 922 38 05 50).

Zur Plaza de Europa

In unmittelbarer Nachbarschaft zu den Badeanlagen steht die schlichte Kapelle **San Telmo** ❻. Hier finden regelmäßig katholische Gottesdienste (auch auf Deutsch) statt. Das weiße Kirchlein wurde 1780 an der Stelle einer Küstenbatterie errichtet und ist dem Schutzpatron der Seeleute geweiht. Unterhalb der Promenade badet man gratis, dafür aber in häufig unruhiger See. Am Ende

San Telmo, die Kapelle der Fischer

des Wegs führen Treppen hoch zur **Punta del Viento** mit schönem Blick nach Osten; hier bläst einem meistens der Passatwind ins Gesicht.

In Meeresnähe bleibend, folgt man der Calle Santo Domingo abwärts. Das erste Gebäude zur Rechten ist ein Überbleibsel des Dominikanerklosters **San Pedro González Telmo** aus dem Jahre 1659. Es wurde Ende des 18. Jhs. ein Raub der Flammen und 1837 wieder aufgebaut.

Das Nachbargebäude, ebenfalls auf ehemaligem Klostergrund, ist das **Rathaus** (Casas Consistoriales). Gegenüber befindet sich die **Casa Miranda**, ein Patrizierhaus aus dem 18. Jh. Hinter ihm liegt der restaurierte Geschützplatz des Hafens, heute die Plaza de Europa.

Am Hafen

In Richtung Hafen wird es wieder lebendiger. Wenn die Fischerboote zurückkehren, gibt es immer etwas zu sehen und zu schnuppern. In der Gasse **Las Lonjas** liegt fast immer ein leichter Fischgeruch in der Luft. Das Haus der Bruderschaft der Fischer wird zzt. neu gestaltet. Am Hafen steht mit der **Casa de la Aduana** (ehemaliges Zollhaus) von 1620 der älteste Profanbau der Stadt. Nach dem für Garachico verheerenden Vulkanausbruch von 1706 wurde hier die Zollbehörde eingerichtet. Heute befinden sich in dem restaurierten Bau die Touristinformation, eine Ausstellung des heimischen Kunsthandwerks und ein sehr schöner Kunstgewerbeladen.

Am Hafenbecken tummeln sich besonders an Feiertagen einheimische Familien zwischen den bunten Booten und zelebrieren ihr Picknick auf dem harten Kiesstrand.

Jenseits des Hafens erstreckt sich ein riesiges aufgelassenes Areal. Durch aufwändige Deichanlagen hat man dem Ozean ein Terrain von 100 000 m² abgerungen, um den **Parque Marítimo Municipal** zu schaffen. Nach Plänen des verstorbenen Universalkünstlers César Manrique ist ein ==Erlebnisbad mit künstlichen Seen, kulturellen Einrichtungen, Restaurants und Einkaufszeilen== konzipiert worden.

Plaza del Charco

Vom Hafen aus gibt es einen breiten Durchlass zur Plaza. Erhöht wie auf einem Podest und mit Palmen und alten Indischen Lorbeerbäumen bestanden, ist dieser Platz Forum, Bühne und Loge in

Echt gut

einem. Hier trifft man sich, trinkt seinen *cortado* im **Terrassencafé Dinámico,** holt seine (deutsche) Zeitung von einem der Kioske und genießt den südlichen Alltag. Manchmal findet ein Konzert statt, die Winzervereinigung lädt zu einer Weinverkostung ein oder eine Rallye umkreist das Karree. Einige der typisch kanarischen Gebäude an der Westseite des Platzes beherbergen gastronomische Betriebe.

Wenn man die Plaza an der Nordwestseite verlässt, gelangt man in das zum Teil noch in seiner ursprünglichen Bausubstanz erhaltene Fischerviertel **La Ranilla** (»das Fröschlein«) mit engen Gassen und kleinen Häusern. Hier findet man die größte Restaurantdichte und kann einen netten Spaziergang durch die Fußgängerzone **Calle Del Lomo** unternehmen**.**

Zum Castillo San Felipe und zur Playa Jardín

Mitten im Viertel Barrio hat sich das **Museo Arqueológico Municipal** (Archäologisches Museum) ❶ in einem kanarischen Herrenhaus aus dem 19. Jh. eingerichtet. Es bietet vor allen Dingen eine Einführung in das Töpferhandwerk der Guanchen anhand entsprechender Fundstücke (Calle del Lomo, 9-A, Tel. 922 37 14 65; Di–Sa 10–13 und 17–20, So 10 bis 13 Uhr).

Nach der Durchquerung von La Ranilla folgen Neubauten, ein Fußballplatz und ein Schwimmbad. Gleich dahinter steht das

Das alte Zollhaus am Hafen

kleine **Castillo San Felipe** ❷ aus dem 17. Jh. Kanonen auf dem kleinen Platz davor erinnern noch an seine einstige Bestimmung. Das Kastell ist gegenwärtig ein Kulturzentrum, in dem Kunstausstellungen und exzellente Musikveranstaltungen stattfinden.

Es schließt sich das lang gezogene Areal der **Playa Jardín* ❸ an. Auch an ihrer Gestaltung hat César Manrique mitgewirkt. Vom Meeresboden hat man Sand heraufgeholt und seinen Bestand mit Wellenbrechern vor der Küste abgesichert. Im oberen Strandbereich wurde ein Park angelegt, der sich mit typischen Pflanzen des Archipels, Musikpavillon, Restaurants, Strandbars und Flanierwegen großer Beliebtheit erfreut. Die schwarz glänzenden Felsbrocken in der Brandung geben dem Ortsteil **Punta Brava** auf einer Landzunge westlich der Playa Jardin seinen unverwechselbar eigenen Reiz. Oberhalb von Punta Brava erwartet den Besucher ein Besuchermagnet, der Loro Parque.

5 **Loro Parque** L

Bunter, spannender und exotischer ist kein Freizeitpark, dazu noch ökologisch unbedenklich und für seine artgerechte Tierhaltung und die Aufzucht vom Aussterben bedrohter Vogelarten ausgezeichnet. 300 Papageienarten flattern im Parkgelände, die sensibelsten ungestört und abgeschirmt vom Besucherstrom. Solche Extravaganzen kann der Loro Park sich leisten, denn er bietet mehr als genug für ein volles Tagesprogramm. Zu den Loros haben sich Tiere aus aller Welt gesellt: Affen – sogar eine Gorillagruppe –, Krokodile, Seelöwen und Delfine. Die zuletzt genannten sind die erklärten Lieblinge der Kinder. Sie führen in täglichen Shows ihr Können vor. Da sie ausreichend gute Lebensbedingungen vorfinden, gelang es bereits mehrmals, hier geborene Delfinbabys großzuziehen. Zu den neueren Attraktionen gehört ein Aquarium, durch das man in einem Glastunnel wandelt. und der »Planet Penguin«, in dem bei antarktischen Temperaturen über 150 Pinguine leben. Übrigens sind alle von ihnen in Zoos aus dem Ei geschlüpft. Der Park ist wie ein

tropischer Garten angelegt, ein thailändisches Dorf und ein afrikanischer Markt schaffen zusätzlich Flair. Beginnen Sie ihren Besuch auf jeden Fall am Vormittag, sonst reicht die Zeit für das vielfältige Angebot nicht! (Tgl. 8.30 bis 17 Uhr, Eintritt 31,50 €, Kinder bis 11 Jahre frei, kostenlose An- und Abfahrt mit der parkeigenen Bimmelbahn ab Calle Venezuela.)

Um die Calle Quintana

Vom Loro Parque fährt eine Bimmelbahn zum Ausgangspunkt. Wer mag, steigt in der Nähe der Plaza del Charco aus und geht von dort aus durch die verkehrsberuhigte Quintana zurück zur Meerespromenade. Dabei gelangt man über ein paar Stufenfolgen hinauf zu einem kleinen Platz mit einer gepflegten Anlage.

Gegenüber liegen linker Hand die Einsiedelei **San Juan** und die Kirche **San Francisco** **M**. Insbesondere am Abend bei künstlichem Licht erstrahlt die Innenausstattung des Gotteshauses in edlem Glanz. Die Klause ist neben San Amaro im Stadtteil La Paz der älteste Sakralbau von Puerto de la Cruz. Sie wurde um 1600 Johannes dem Täufer geweiht.

Wer auf der Calle San Juan einen Abstecher nach Süden macht, entdeckt an der Kreuzung mit der Calle Iriarte ein gut erhaltenes Haus aus dem 18. Jh., die **Casa Iriarte** **N**. Hier wurde Don Tomás de Iriarte (1750–91), vielleicht der

Puerto de la Cruz

0   300 m

- **A** Centro Comercial Martiánez
- **B** Lago Martiánez
- **C** San Telmo
- **D** Punta del Viento
- **E** San Pedro González Telmo
- **F** Rathaus
- **G** Casa de la Aduana
- **H** Plaza del Charco
- **I** Museo Arqueológico Municipal
- **J** Castillo San Felipe
- **K** Playa Jardín
- **L** Loro Parque
- **M** San Francisco
- **N** Casa Iriarte
- **O** Iglesia Nuestra Señora de la Peña de Francia
- **P** Parque Taoro
- **Q** Jardín Botánico

Im Parque Taoro

Abseits des Zentrums

Oberhalb des Ortskerns liegt der reizvolle **Parque Taoro** ❿. An Wasserspielen und Fliesenbildern vorbei spaziert man zum mehr als 120 Jahre alten ehemaligen Kurhotel, in dem bis 2005 das Casino untergebracht war. Nach einem umfassenden Umbau soll hier wieder ein Nobelhotel einziehen. Erholung verspricht die schöne Anlage des Wasserparks **Risco Bello Jardín Aguático**.

Zu einem Spaziergang im Schatten mächtiger Bäume lädt der weltberühmte **Jardín Botánico** ❿ oberhalb des Viertels La Paz ein. Er wurde 1788 auf Geheiß des Königs Carlos III. angelegt, um Tropenpflanzen allmählich an eine kühlere Witterung, wie sie an den Orten der königlichen Residenzen in Zentralspanien im Winter herrschte, zu gewöhnen. Das Experiment misslang, die in Puerto gut gedeihenden Pflanzen verkümmerten auf dem Kontinent. Der Garten blieb aber bis heute erhalten. Bei über 3000 Exoten lohnt es sich, ein gutes Bestimmungsbuch mitzubringen (tgl. 9–18 Uhr).

bekannteste einheimische Erzähler, geboren. Heute wird das Haus als Marine- und Stadtmuseum sowie kommerziell genutzt.

In der Nähe steht noch ein Turm, der zum **Palacio Ventoso** gehört. Er ist der letzte seiner Art. Früher hatte jedes Handelshaus einen solchen Auslug, denn wer ein Schiff sichtete und vor allen anderen am Hafen erschien, durfte als Erster mit dem Kapitän über Geschäfte verhandeln.

Die Pfarrkirche von Puerto, die **Iglesia Nuestra Señora de la Peña de Francia** ❿, erhebt sich auf einem erhöhten Platz an der Calle Quintana. Im Innern ist eine der pathetischsten Schmerzensmadonnen Spaniens zu bewundern. Schöpfer dieser *Virgen de los Dolores* ist José Luján Pérez aus Gran Canaria.

Am Ende der Quintana stößt man auf die Uferpromenade, die zum Anfangspunkt zurückführt.

Info

Touristeninformation in der Casa de la Aduana am Hafen, Tel. 922 38 60 00, www.puertocruz.com

Busse

Der Busbahnhof liegt an der Calle de Pozo; Busse in alle Richtungen.

Hotels

■ Botánico
Richard Yeoward s/n
38400 Puerto de la Cruz
Tel. 922 38 14 00
www.hotelbotanico.com
»Gran Lujo« garantiert höchsten Komfort: mit Spa und einem von Teneriffas schönsten Hotelparks. ●●●

■ Ap. Florasol
Camino del Coche 7
38400 Puerto de la Cruz
Tel. 922 38 98 48
www.aparthotelflorasol.com
Ruhige, sehr gepflegte Anlage nahe dem Parque Taoro mit Garten, Pool und Restaurant. ●●

■ Marquesa
Quintana 11
38400 Puerto de la Cruz
Tel. 922 38 31 51
www.hotelmarquesa.com
Historischer Bau in der Fußgängerzone. Um einen Patio gruppieren sich komfortable Zimmer, auf der Dachterrasse gibt es einen Pool. ●●

■ Puerto Azul
Calle del Lomo 24
38400 Puerto de la Cruz
Tel./Fax 922 38 32 13
www.puerto-azul.com
Ruhiges, einfaches und familiäres Hotel unter deutscher Leitung im alten Fischerviertel. ●

Restaurants

■ Régulo
Calle San Felipe 16
Im Viertel Ranilla
Tel. 922 38 45 06
www.restauranteregulo.com
Hier genießt man vorzügliche kanarische Küche in einem historischen Stadthaus. So/Mo geschl. ●●

■ El Caldoso
Acaimo 7
Im Minihafen von Punta Brava
Tel. 922 38 90 18
Exzellente Fischgerichte in schönem Ambiente. Fr–So geschl. ●●

■ El Maná
Calle Meguinez 21 (am Hafen)
Tel. 922 37 24 74
Kleines, feines Vollwertrestaurant, in dem alles frisch zubereitet wird. Mo geschl. ●

Nachtleben

Die Discos Victoria und Coto, beide an der **Avda. Colón, Joy,** Calle Obispo Pérez Cáceres, Concordia, **Avda.** Venezuela, und die Salsadisco Qatar in der

Fiestazeit

Die Bewohner von Puerto feiern ihre Feste für sich und nicht als Showveranstaltung für die Touristen. Zusätzlich zu den Terminen des allgemeinen Festkalenders ›
S. 37 werden hier zwei Höhepunkte im Jahr besonders begangen:

■ **23./24. Juni, San Juan/Fiesta del Sol:** Bevor die Fiesta beginnt, werden die Ziegen gewaschen. Ein irrer Spaß, bei dem eine Ziegenherde durch die Stadt und am Fischerhafen ins Wasser getrieben wird. Später beginnt Musik und Tanz auf den Plazas.

■ **16. Juli, Namenstag der hl. Carmen:** Zu Ehren der Schutzpatronin der Fischer laufen geschmückte Boote vom Hafen zu einer Prozession aus und versenken Gaben ins Meer. Den Abschluss bildet ein Feuerwerk.

Calle Aceviño, Urb. La Paz, ziehen Tanzfreudige an. Das Abaco, **Calle Casa Grande, Urb. El Durazno**, ein restaurierter Landsitz, lädt am Wochenende bei exotischen Cocktails zu klassischer Musik in seiner herrschaftlichen Pianobar ein. Im Salsapalast Cubanísimo **an der Autopista im Polígono Jerónimo**, ebenfalls eine restaurierte Finca, trifft sich in lauen Nächten die Latino-Fan-Gemeinde.

Strände in der Umgebung

Einer der herrlichsten großen Naturstrände ist die **Playa del Bollullo**. Sie liegt in landschaftlich schöner Umgebung etwa 4 km östlich von Puerto de la Cruz. Eine Straße und ein Wanderweg (Beschreibung bei der Touristeninformation erhältlich) führen dorthin. Der feine, dunkle Sandstrand ist vor allem im Sommer und an Wochenenden viel besucht.

Die **Playas El Pozo, Los Patos** und **Los Ancón** schließen sich östlich an die Playa Bollullo an. Sie sind bisher nicht für Urlauber hergerichtet worden.

Die **Playa El Socorro** liegt westlich von Puerto de la Cruz. Diesen Strand bevorzugen Wellenreiter, er ist aber auch bei einheimischen Badegästen beliebt. Nehmen Sie sich beim Baden vor der Unterströmung in Acht!

Unterwegs im Norden

Das Orotavatal

Das breite Orotavatal gilt als lieblichste Landschaft Teneriffas und an ihrer schönsten Stelle liegt die Stadt La Orotava. Das Leben in den Dörfern verläuft immer noch ruhig, vollkommen unbeeinflusst vom Tourismus an der Küste. Oberhalb von La Orotava erstrecken sich Terrassenfelder und Obstbaumplantagen. Ab etwa 900 m Höhe bestimmen Mischwälder aus Kanarischen Kiefern, Baumheide und Gagelbaum das Landschaftsbild. Noch weiter oben, in der Umgebung des Nationalparks, beginnt die jungvulkanische Zone mit auffällig geformten Felsmassiven und den ersten Aschefeldern.

Im Orotavatal finden Wanderer schöne Wege, die mit gelben Rauten markiert sind. Ausgangspunkt vieler Touren ist die Station der Naturparkverwaltung in **Aguamansa 2** auf etwa 1100 m Höhe. Hier gibt es einen Lehrgarten und eine Musterforellenzucht mit Fischteichen. Die Wanderwege führen das Tal hinunter bis an die Küste oder hinauf zum Nationalpark; ein Höhenweg verläuft dem Berghang entlang. Alle lokalen Veranstalter haben Wanderungen im Orotavatal im Programm.

⚠ Wie überall im Norden besteht die Möglichkeit, dass hereinziehende Wolken das Orotavatal in Nebel hüllen. Dann empfiehlt es sich, in Richtung Sonne – zur Küste – zu wandern oder in den höher gelegenen Nationalpark auszuweichen, der fast immer über den Wolken liegt.

Picknickplätze

Längs der Straßen und Wege im Orotavatal laden mehrere Picknickplätze zu einer Rast ein. An den Wochenenden sind sie beliebte Ausflugsziele spanischer Familien.

Das Naherholungsgebiet **La Caldera** liegt in einem erloschenen Vulkankrater etwa 1 km oberhalb von Aguamansa, mit Grillstellen, Wasser und Spielplatz. Ein einfacher Holzkiosk am Rande der Caldera bereitet komplette Mahlzeiten zu, u.a. mit Forellen aus der Zucht von Aguamansa. Gegessen wird an rustikalen Holztischen.

Aguamansa und La Caldera erreichen Sie stündlich mit der Bus-Linie 345 (ab Puerto de la Cruz).

Panoramaweg über dem Orotavatal

Diese mittelschwere Wanderung auf einem Höhenweg ist 15 km lang und dauert rund 5 Std. Bei den Auf- und Abstiegen müssen etwa 600 Meter überwunden werden. Im mittleren Teil geht es auf einem schmalen Pfad den Hang entlang; auf diesem Abschnitt sind Trittsicherheit und Schwindelfreiheit erforderlich.

Im Orotavatal: Blick zum Teide

Die Tour beginnt an der Bushaltestelle/Parkplatz **La Caldera.** Gehen Sie die Straße ein Stück zurück und dann nicht in Richtung Landstraße, sondern geradeaus auf dem Forstweg weiter (Ausschilderung »Los Organos«). Nach ca. 15 Min. kreuzt der **Camino Candelaria,** ein Pilgerpfad, den Forstweg. Auf ihm geht es ca. 45 Min. bergauf, dann ist der Höhenweg bei einer Weggabelung erreicht; halten Sie sich links. Erst geht es kurz leicht bergab, danach eben und später beständig leicht bergauf. Während der nächsten zwei Stunden genießen Sie unterwegs fantastische Ausblicke auf das Orotavatal, über das Meer auf die Insel La Palma und auf den Teide. Nach einem längeren, leichten Anstieg erreichen Sie eine dicke Kiefer, in deren Rinde die Zahl 11 geschnitzt ist. Hier biegen Sie auf einen abwärts führenden, mit Steinmännchen markierten

Pfad ab (Achtung: Rutschgefahr!). Er stößt auf einen breiten Waldweg, in den Sie nach links einbiegen. Nach etwa 30 Min. erreicht man in Höhe des Rastplatzes **El Tope** den Forstweg vom Anfang der Tour. Hier biegen Sie links ein und gelangen nach etwa 1 Std. zurück zum Ausgangspunkt.

Für Spaziergänger bietet sich eine **kürzere Variante** von etwa 8 km bzw. 2 Std. an: Sie wählen ebenfalls den mit »Los Organos« ausgeschilderten Forstweg.

Als **Los Organos** – die Orgelpfeifen – wird eine markante Wand mit ausgewaschenen Felspfeilern bezeichnet, die Sie unterwegs passieren. Nach etwa einer Stunde Wanderung auf dem Forstweg ist der Rastplatz El Tope erreicht. Zurück geht es auf demselben Weg.

Pueblo Chico

Die jüngste Attraktion im Orotavatal präsentiert 50 kanarische Städte und Landschaften im Maßstab 1 : 25. Das 20 000 m² große Gelände der Miniaturstadt ist behindertengerecht gestaltet. Tgl. 10–18 Uhr, Tel. 922 33 40 60, www.pueblochico.com. Eintritt 12,50 €, Kinder bis 12 Jahre 6,50 €, unter 4 Jahren gratis. Kostenloser Shuttlebus ab Puerto de la Cruz.

Mirador de Humboldt

Der Ort, an dem Humboldt auf das Orotavatal geblickt und seine Ergriffenheit zum Ausdruck gebracht haben soll (❯ unten), wurde zu einem Aussichtsplatz mit mehreren Ebenen ausgebaut (z.T. noch nicht fertig). Der Mirador liegt an der alten Straße TF 211, La Orotava–Santa Ursula.

Alexander von Humboldt: Teneriffas liebster Gast

Der berühmte Forscher machte 1799 auf dem Weg nach Mittel- und Südamerika für ein paar Tage auf Teneriffa Station. Obwohl er während seiner insgesamt fünf Jahre dauernden Reise großartige Eindrücke sammelte, hob er in seinem abschließenden Werk »Reise in die Aequinoctial-Gegenden des neuen Continents« die Schönheiten Teneriffas besonders hervor. Seine bekanntesten, viel zitierten Sätze beziehen sich auf das Orotavatal, über das er schrieb:

»Nirgends sah ich ein so mannigfaltiges, so anziehendes, durch die Verteilung von Grün und Felsmassen so harmonisches Gemälde vor mir. (...) Ich kann diesen Anblick nur mit den Golfen von Genua und Neapel vergleichen, aber das Orotavatal übertrifft sie bei weitem durch seine Ausmaße und die Reichhaltigkeit seiner Vegetation.«

Teneriffa ehrte den preußischen Gelehrten und Weltreisenden mit dem Mirador de Humboldt zwischen Santa Ursula und Orotava. Nur wenige hundert Meter weiter bedient sich das Café Humboldtblick seines Namens.

Buch-Tipp **Alexander von Humboldt – Seine Woche auf Teneriffa**, Alfred Gebauer, Zech Verlag, Teneriffa.

 6 **La Orotava** 3

La Orotava zählt zu den ältesten Städten Teneriffas und liegt am schönsten Platz im fruchtbaren Orotavatal. Bedingt durch die Hanglage haben ihre Bewohner von fast jedem Haus und jeder Plaza einen freien Blick auf Küste und Meer. Bald nach der Eroberung ließen sich hier zwölf Adelsfamilien nieder. Um ihre Gutshöfe entstand die heutige Altstadt, die seither *Doce Casas*, zwölf Häuser, genannt wird. Sie gehört gemeinsam mit der Universitätsstadt La Laguna und dem früheren Handelszentrum Garachico zu den architektonischen Prachtstücken der kanarischen Inseln. Selbstverständlich steht die Altstadt unter Denkmalschutz. Kanarischer Baustil bestimmt ihren Charakter, in den vergangenen Jahrhunderten entstanden daneben aber auch Gebäude anderer Stilrichtungen.

Altstadtbummel

Das Büro der Touristeninformation liegt am Zugang zur Altstadt und zur Plaza de la Constitución, es eignet sich deshalb gut als Ausgangspunkt. Dort gibt es einen kostenlosen Stadtplan und Infomaterial über die historischen Gebäude.

Plaza de la Constitución und Umgebung

Wie eine Terrasse ist die Plaza de la Constitución an den Hang gebaut und bietet so eine Panoramasicht auf das Tal bis zur Küste. Eingerahmt wird der Platz von der Carrera Escultor Estévez, der Calle San Agustín mit der gleichnamigen Kirche und dem Kloster San Agustín. Rechts davon liegt am Ende einer von Blumenrabatten gesäumten Treppe der klassizistische Bau des **Liceo de Taoro**. Er wird heute für Konzerte und als (empfehlenswertes) Restaurant genutzt > 96.

Die **Kirche** und das **Kloster San Agustín** sind beides typisch kanarische Bauten mit Portalen aus dunklem, verzierten Vulkanstein. Der Komplex entstand zu Beginn des 17. Jhs. Auch im Inneren setzt sich die traditionelle kanarische Bauweise fort. Die Decke der dreischiffigen Kirche weist mit Kassetten geschmückte, typische Mudéjarmuster auf, der vergoldete Altar ist reinstes Inselbarock. Im ehemaligen Kloster, heute Hochschule für Musik und bildende Kunst, ist der Innenhof mit umlaufenden Kreuzgängen im öffentlich zugänglichen Bereich sehenswert.

An der Carrera del Escultor Estévez, die unterhalb der Plaza beginnt, steht nicht nur das **Geburtshaus des Bildhauers Estévez,** sondern auch das spätklassizistische **Rathaus.** Auf dem Rathausvorplatz und in den umliegenden Straßen werden zu den Fronleichnamsfeierlichkeiten in tagelanger Arbeit Bildteppiche mit religiösen Motiven aus pastellfarbenem Vulkansand und Blüten ausgelegt. Wenige Schritte weiter rechts, über die Calle

Blütenzauber zu Fronleichnam

Tomás Pérez, steht die Hauptkirche **Nuestra Señora de la Concepción.** Sie wurde nach der Zerstörung ihrer Vorgängerin durch ein Erdbeben 1704/5 im barocken Stil mit einer seltenen dreidimensionalen Front gebaut. Ihre beiden Türme und die Kuppel überragen das gesamte Stadtbild. Im Innern des düsteren Gotteshauses zeugen zahlreiche Altarretabeln von der kanarischen Schnitzkunst. Auch Luján Pérez und Fernando Estévez sind mit je zwei Statuen vertreten (Mater Dolorosa und Johannes der Evangelist bzw. Candelaria und hl. Petrus).

Historische Herrenhäuser
An der Kirche vorbei geht es links die Calle Colegio hoch zur **Casa Lercaro** (17. Jh.), in der sich das Restaurant Zona KIÚ (› S. 96)

niedergelassen hat. Die alte **Gofiomühle La Maquina** ist immer noch in Betrieb. Weiter geht es zur Calle San Francisco mit den bekanntesten und ältesten kanarischen Landhäusern.

Zur Linken befindet sich die ***Casa de los Balcones** aus dem Jahr 1632. In den Räumen und im Patio des sehenswerten Hauses werden kunstgewerbliche Arbeiten feilgeboten (www.casa-balcones.com); ebenso in der gegenüberliegenden, 1590 errichteten **Casa Molino,** die sich heute **Casa de la Alfombra** oder **Casa del Turista** nennt. Auf ihrer Terrasse kann man ein Beispiel der Fronleichnamsteppiche im Kleinformat bewundern. Ein paar Meter weiter ist an der Plaza San Francisco der mächtige Komplex des **Hospital de la Santísima Trinidad** angesiedelt.

El Farrobo
Wer sich die Mühe macht, ins Mühlenviertel (*El Farrobo*) hinaufzugehen, entdeckt Aquäduktbögen, über die das Wasser auf die Schaufeln der Mühlenräder geleitet wurde. Aus der **Mühle** mit der Nr. 3, in der steilen Gasse Dr. Domingo Gonzáles García, dringt der Duft von frisch gemahlenem Gofio. Hier drehen sich heute die Mühlsteine per Elektromotor. Schauen Sie hinein, Besucher sind willkommen!

Gärten
Auf dem Weg zurück zur Plaza de la Constitución passiert man eine Nebenstelle des Botanischen Gar-

tens (> S. 88) von Puerto de la Cruz, den **Hijuelo del Botánico,** mit einer Vielzahl tropischer und subtropischer Pflanzen (nur vormittags geöffnet).

Gegenüber liegen die terrassierten Gärten **Jardines Marquesado de Quinta Roja**. Auf ihrem höchsten Punkt steht das – nie benutzte – Mausoleum des Diego Ponte del Castillo (Zugang von der Plaza aus; tgl. 9–14 Uhr).

Unterhalb der Plaza de la Constitución

Der Turm der sehenswerten **Iglesia Santo Domingo** (mit Gemälden der Rembrandtschule und einer bemalten Kassettendecke) weist den Weg. Im ehemaligen Dominikanerkloster hat man auf zwei Stockwerken ein vorzügliches Museum des iberoamerikanischen Kunsthandwerks liebevoll eingerichtet, das **Museo de Artesanía Iberoamericana** (Tomás Zerolo 34, Mo–Fr 9.30–18, Sa 8–14 Uhr). Allein die Sammlung der Musikinstrumente, aber auch Keramik, Flechtwaren und die kleine Auswahl preisgekrönter Möbel machen Laune.

In der **Casa Torrehermosa** gegenüber gibt es schöne kunsthandwerkliche Produkte der Provinz Teneriffa zu kaufen (Tomás Zerolo 27, Mo–Fr 9.30–18.30, Sa 9.30–14 Uhr).

Info

Calle Calvario 4 (im Gebäude des Konzertsaals Auditorio Theobaldo Power), Mo–Fr 8–18 Uhr, Tel. 922 32 30 41, www.villadeorotava.org (auf spanisch)

Busse

Der **Busbahnhof** liegt unterhalb der Altstadt. Ab Puerto de la Cruz verkehrt die Linie 350 und 352, alle 30 Minuten. Ab Santa Cruz fährt die Linie 101, viele Abfahrtszeiten.

Hotels

■ **Victoria**
Calle Hermano Apolinar 8
38300 Orotava
Tel. 922 33 16 83
www.hotelruralvictoria.com
Kleines, intimes Hotel in einem luxuriös restaurierten Herrenhaus aus dem 17. Jahrhundert. ●●

■ **Villa Alhambra – Fuente de Salud**
Calle Nicandro Gonzáles Borges 19
38300 Orotava
Tel. 922 32 04 34
www.alhambra-teneriffa.com
Das aus dem 18. Jahrhundert stammende restaurierte, **exklusive Stadtpalais** im maurischen Stil hat nur fünf Gästezimmer. ●●

■ **Pension Silene**
Calle Tomas Zerolo 9
38300 Orotava
Tel. 922 33 01 99
Einfach, aber alle Zimmer mit Bad und Balkon. ●

Restaurants

Nirgendwo auf der Insel findet sich eine vergleichbare Anzahl an Restaurants mit guter Küche und preiswerten Gerichten in herrlichem Ambiente.

■ **Victoria**
Calle Hermano Apolinar 8
Im gleichnamigen Hotel
Im stilvollem Ambiente des Innenhofs wird kreative spanische und internationale Küche serviert. Tgl. 12.30–16 und 20–23 Uhr, Mo geschlossen. ●●●

■ **Sabor Canario**

Calle Carrera 17

Im stimmungsvollen Innenhof des Hotels Orotava wird kanarische Küche in rustikalem Ambiente serviert.
Tgl. 11–22 Uhr, So geschlossen. ●

■ **Liceo de Taoro**

Plaza de la Constitución

Der elegante klassizistische Bau bietet ein stilvolles Ambiente für Restaurant und Cafeteria. Tgl. 10–21 Uhr. ●–●●

■ **Zona KIÙ**

Casa Lercaro][Calle Colegio 7

Im schönen Innenhof befinden sich ein elegantes Restaurant und eine Cafeteria mit besonders leckerem Kuchen. Ein Geschäft mit Spezialitätenverkauf ist angeschlossen. Tgl. 11–21 Uhr, So abends und Mo geschlossen. ●–●●

Los Realejos 4

Die Ortsteile Realejo Alto (oben) und Realejo Bajo (unten) sind sehr zersiedelt und mit Ausnahme der ältesten Kirche Teneriffas kaum einen Besuch wert. In ihrer ländlichen Umgebung haben sich des guten Klimas wegen einige Hotels und Apartmentanlagen angesiedelt. Der untere Gemeindeteil **Realejo Bajo** trägt ein modernes Gesicht, mit Hotels, Ferienhäusern und Sportzentren. Aufgrund seiner Verkehrsanbindung und geographischen Nähe entwickelt er sich allmählich zum Vorort von Puerto de la Cruz.

Der obere und ältere Ortsteil **Realejo Alto** ist die historische Stätte, an der 1496 der letzte organisierte Widerstand der Guanchen gebrochen wurde. Zwei Jahre später errichtete man dort die dem spanischen Nationalheiligen geweihte **Kirche Santiago Apostól.** Wer von den übrig gebliebenen Guanchen das Christentum Schlimmerem vorzog, empfing der Überlieferung nach hier, später auch in La Laguna, die Taufe. Zahlreiche Umbauten haben vom ursprünglichen Gebäude wenig übrig gelassen. Sehenswert sind der Altarraum aus der Mitte des 17. Jhs., eine Christusfigur von Martín de Andújar und eine Santa Lucía flämischer Provenienz.

Vom nahe gelegenen **Rathaus** hat man einen guten Überblick über das Tal. So sieht man unter sich jenseits eines Barranco einen Friedhof, bei dem einer der ebenmäßigsten Drachenbäume der ganzen Insel steht. Einen berühmten Sohn kann Los Realejos auch aufweisen: José de Viera y Clavijo, Verfasser der ersten umfassenden Chronik kanarischer Geschichte, erblickte hier 1731 das Licht der Welt. Die »Noticias de la Historia General de las Islas Canarias« des aufgeklärten Theologen, der viel reiste und u.a. Kontakt zu Voltaire pflegte, haben zwei Jahrhunderte lang das Geschichtsbild der Inselbewohner geprägt.

Restaurant

Mesón El Monasterio

Calle 25 de Julio 12

Ortsteil La Montañeta

Tel. 922 34 07 07

In umgebauten Klosterräumen mit Terrassencafé, Weinkeller und rustikalen Grillrestaurant munden Zackenbarsch *(cherne)* und Filetsteak *(solomillo)* hervorragend. Tgl. 10–23 Uhr. ●●

Die Drachenbäume Teneriffas stehen heute unter Naturschutz

Karte
Seite 80

Busse

Ab Puerto de la Cruz: Buslinien 352 und 353 alle 30 Minuten. Ab Santa Cruz: Buslinien 107 und 108, stündlich.

San Juan de la Rambla 5

Nicht prächtige Patrizierhäuser und Kathedralen verschiedener Epochen sondern eine komplett erhaltene Kleinstadt im maurisch-kanarischen Stil präsentiert sich auf zwei natürlichen Küstenterrassen. Der Ortsteil San Juan liegt einige Meter höher als Las Aguas mit Zugang zum Meer. Seit 300 Jahren gab es hier kaum Veränderungen. In den schmalen Gassen, die sich vor der Kirche San Juan de Bautista (17. Jh.) zur Plaza vereinen, schlendert man noch über altes Kopfsteinpflaster. Mehrere Wohntürme – in Puerto de la Cruz gibt es nur noch einen einzigen – zeigen, dass auch hier reiche Handelsfamilien im Wettstreit um den besten Blick auf einlaufende Schiffe gebaut haben. Das ganze Stadtensemble steht unter Denkmalschutz. Für blaue Informationstafeln reichte das Geld, nicht aber, um alle Häuser vor dem Verfall zu bewahren.

Im **Graphik- und Lithografieatelier Arte Graphos,** C. Estrecha 5, 1. Stock, werden Skulpturen und Graphiken in wechselnden Ausstellungen gezeigt. Mit etwas Glück können Sie bei der Arbeit an der alten Druckerpresse zuschauen (tgl. 11–14 Uhr, Do, Sa/So auch 17–20 Uhr).

Etwas schlichter und noch enger ist das Viertel der Fischer, **Las Aguas.** Am Ende seines steinigen Strandes liegt ein Meerwasserschwimmbad, der Lieblingsplatz der Kinder, mit Cafeteria und einem Restaurant. Nahe des Eingangs beginnt ein herrlicher, erst kürzlich angelegter **Küstenwanderweg,** der Spaziergänger knapp eine Stunde am Meer und an schönen blumengeschmückten Bauernhäusern entlang führt.

Bus

Linie 363 stündlich ab Busbahnhof Puerto de la Cruz.

Restaurant

Las Palmeras Arte
Calle Estrecha 15 (im Haupttor)
Tel. 922 35 03 32
Kulinarisches und Künstlerisches vereinen sich in einem restaurierten Altstadthaus. 12–15, 19–22 Uhr,
Di nur mittags, Mi geschlossen. ●●

7 *Icod de los Vinos 6

Seit Jahrhunderten schon ist Icod bekannt für seine Weine, die ihm auch zu dem Namenszusatz »de los Vinos« eingebracht haben. Ein besonders alter Drachenbaum macht Icod zu einem der meistbesuchten Orte Teneriffas. Alexander von Humboldt unterbrach Ende des 18.Jh. seine Reise nach Südamerika für eine Woche auf Teneriffa, um ihn zu sehen.

**Drago milenario und Schmetterlingshaus

Als tausendjähriger Drachenbaum wurde er das Wappenzeichen Teneriffas. Tatsächlich aber weiß niemand, wie alt er wirklich ist – die Schätzungen schwanken großzügig zwischen 500 und 6000 Jahren. Denn der Drago dracena

ist kein Baum und entwickelt deshalb auch keine Jahresringe. Ungeachtet seines wirklichen Alters und seiner Gattung (Liliengewächs oder Agave) wirkt wohl kaum eine Pflanze dieser Welt archaischer und urzeitlicher als dieser 15 Meter hohe, wild verzweigte und knorrige Solist. Die Gemeinde hat ein touristisches Programm um ihn entwickelt, das am Parkhaus (Hinweisschilder »Drago«) mit einer Bimmelbahnfahrt beginnt. Im **Parque del Drago** gibt es einheimische Pflanzen, Nachbildungen aus dem Guanchenleben und eine Vulkanhöhle zu besichtigen (tgl. 9.30 bis 18.30 Uhr, Erw. 4€, Kinder 2€). Vom schönen Paseo vor der Kirche San Marco kann man einen kostenlosen Blick auf den Drachenbaum werfen. Auf dem Weg zum Drago liegt ein lichter Pavillon: das Schmetterlingshaus **Mariposario del Drago**. Die zarten Insekten fliegen darin frei in einem eigens für sie angelegten Mini-Urwald (tgl. 9.30–18 Uhr, Eintritt 7,50 €, Kinder 4 €).

Paseo durch Icod

Unmittelbar neben dem Parque del Drago beginnt einer der alten Spazierwege (span. *paseo*) von Icod mit einer herrlichen Parkanlage, in der Jacarandas, Palmen und Zierbananen stehen. Von hier aus betritt man die **Kirche San Marcos** (17. Jh.) durch ein reich verziertes Renaissanceportal. Der Innenraum wird von dem aus massivem Silber getriebenen, teilweise vergoldeten Altar beherrscht. Weitere Kleinodien können in der Sakristei besichtigt werden. Die Silberschätze Icods sind Geschenke von Auswanderern an ihre Heimatgemeinde (tgl. 10–17 Uhr).

Der Flanierweg mündet in eine terrassenförmige Plaza, von der man einen weiten Blick zur Küste genießt. Über wenige Stufen führt der Paseo zur **Plaza La Pila**, eines der schönsten Ensembles kanarischer Architektur. Um ein Wasserbecken herum stehen alte Palmen, darunter eine der seltenen Livistonia-Kandelaberpalmen. In den Probierstuben an der Plaza kann man die **Weine der Umgebung** degustieren und kaufen.

Im Schmetterlingshaus von Icod

Busse

Ab Puerto de la Cruz: Buslinie 354, stündlich. Ab Santa Cruz: Buslinie 106/108, stündlich Schnellbus.

Playa San Marcos 🛚

Der windgeschützte schwarzsandige Strand in einer schmalen Felsenbucht 3 km unterhalb von Icod zieht am Wochenende die Einheimischen an. Einige Apartmenthäuser und Hotels ziehen sich die Felsen empor. Malerische Fischerboote, preiswerte Fischrestaurants und das Fehlen jeglicher touristischer Animation machen die Playa San Marcos zu einem Geheimtipp.

*Cueva del Viento

Oberhalb von Icod de los Vinos, im Ortsteil Los Piquetes, kann man seit Sommer 2008 Teneriffas jüngste Attraktion besuchen: ei-

nen der **längsten Vulkanröhrenkomplexe der Welt** mit Höhlen und Galerien auf mehreren Ebenen. Davon sind bisher 37 km erforscht und 17 km für die Öffentlichkeit zugänglich. Am Besucherzentrum starten Fahrzeuge, die jeweils fünfzehn Abenteuerlustige in den ersten Teil der Unterwelt befördern. Dort angekommen, geht es nur zu Fuß weiter. Vor dem Ausflug sollte man sich über die Besuchsregeln informieren (u.a. festes Schuhwerk, lange Hosen, kein Laufen und Springen unterwegs), außerdem ist eine Anmeldung erforderlich. Besucherzentrum: tgl. 9–16 Uhr, Höhlenbesichtigung: tgl. 10, 12 und 14 Uhr; Eintritt 15 €, Kinder 5 €; Reservierung Tel. 922 81 53 39, www.cuevadelviento.net.

Santa Cruz und der Nordosten

Nicht verpassen!

- Durch die Innenstadt von Santa Cruz bummeln
- In die geschichtsträchtige Atmosphäre von La Laguna eintauchen
- In Chinamada in Höhlen speisen wie vor tausend Jahren
- Einen Tag am Strand Playa de las Teresitas vertrödeln
- Einen Besuch bei »Unserer Lieben Frau von Candelaria« und den Pyramiden von Güimar

Zur Orientierung

Wilde, steile Bergketten und tief eingeschnittene Täler bilden die Kulisse für den am dichtesten besiedelten Teil Teneriffas. Die Hauptstadt Santa Cruz und La Laguna am Rande des Anagagebirges sind keine klassischen Ferienorte, obwohl eine Vielzahl von Hotels Unterkunft bieten. Die geschäftige Innenstadt von **Santa Cruz** lohnt einen Bummel, schon wegen der Plazas, Parks, Boulevards und Einkaufmöglichkeiten.

Das Hauptstadtprivileg musste **La Laguna** 1723 an Santa Cruz abtreten, aber als Universitätsstadt und Bischofssitz behielt es seine Bedeutung als geistig-kulturelles Zentrum. Bis heute blieb der Stadt weitgehend ihre alte Schönheit erhalten: Kirchen, Klöster und Herrenhäusern aus dem 16., 17. und 18. Jh. gehören zu den bemerkenswerten Bauten.

Nur wenige Kilometer entfernt leben die Menschen im **Anagagebirge** immer noch relativ isoliert in ihren von winzigen Terrassenfeldern umgebenen Dörfern, in **Chinamada** sogar noch in komfortabel ausgebauten Höhlenhäusern. Reste des **Lorbeerwaldes** konnten bei Las Mercedes überdauern. Das Gebirge ist ein Paradies für Wanderer, auch wenn die Passatwolken hier immer wieder Nieselregen mit sich bringen.

Die Wallfahrtskirche von Candelaria an der Ostküste

Senkrecht abfallende Klippen bilden die **Nordküste**. Nur an wenigen Stellen lassen sie Raum für Badeplätze: hier liegen die Urlaubsorte **Bajamar** und **Punta del Hidalgo**. Dahinter breiten sich fruchtbare Ebenen aus, die intensiv landwirtschaftlich genutzt werden. Heute wird dort auch wieder Qualitätswein produziert. Das Weinmuseum **Casa del Vino La Barranda** bei El Sauzal lohnt für Interessierte einen Besuch.

Die südöstliche Küste, von den Passatwolken selten berührt, zeigt sich karg. Der Traumstrand **Playa de las Teresitas** von **San Andrés** ist der bevorzugte Badeplatz der Hauptstädter. Noch weiter südlich beherbergt **Candelaria** die Statue der Inselpatronin. In der Nähe, bei **Güimar,** bauten die Guanchen Pyramiden; heute kann man dort ein Museum besuchen.

Touren in der Region

Dörfer und Strände im Anagagebirge

⊐⑮⊏ Santa Cruz ❭ San Andrés ❭ Taganana ❭ Playa del Roque ❭ Cruz del Carmen ❭ La Laguna ❭ Santa Cruz

Distanzen: 70 km über z.T. sehr kurvige Landstraßen, reine Fahrzeit 2 Std.

ATLANTISCHER OZEAN

Punta del Hidalgo **10**
Punta del Hidalgo
Chinamada Roque de Taborno
12 ▲ 707
Playa del Arenal **17**
18 Bajamar **9** A Las Carboneras **16**
Punta de las Salinas N BOSQUE DE LAS MERCEDES
TF-13 Tejina Taborno
Valle de 1024▲
Guerra Mirador Jardín A Cruz del Pico de
Playa del Pris Casa de Teguesto **17** Carmen Inglés
Mesa del Mar Guerra TF-13 Las Mercedes
8 **18** Las Canteras
Playa del Camello Guamasa TF-12
TF-16 **16** San Cristóbal
Bahía de la Garañona **7** Tacoronte **5** de la Laguna
El Cristo TF-152 Santa Cruz
El Sauzal TF-237 **15** de Tenerife
Punta Pesquero Alto **6** TF-228 Los Rodeos **17**
Barranco de TF-24 **1**
Agua las Lajas TF-5
García TF-226 La Esperanza TF-2
Ermita de San Simón Mirador TF-272 Taco **19**
La Matanza Pico de las TF-1
de Acentejo Flores Las
TF-5 La Victoria de Acentejo Rosas Santa María
TF-217 El Tablero TF-28 del Mar
Alfarería **19** ▲
Santa Las Lagunetas Playa Berruguete
Ursula
La Corujera Canal de Añavingo
Ovejas 1620
▲1253 TF-24 El Diablillo Barranco Igueste
Hondo **19** Playa de las Caletillas
B. de Garcho Playa de las Arenas
1800
Chipeque Igueste **19**
Aguamansa **3**
TF-523 Candelaria
Montaña de la Crucita Arafo Playa de la Viuda
2040▲ **19**
TF-24 1582▲ TF-245 La Hidalga TF-1
Montaña d. l. Arenas Vista El Socorro
B. Chiñico Ramos TF-28 Punta de la Entrada
Observatorio **4** Güímar
Meteorológico TF-61
de Izaña TF-525

---

15 **Dörfer und Strände im Anagagebirge** Santa Cruz › San Andrés ›
Taganana › Playa del Roque › Cruz del Carmen › La Laguna › Santa Cruz

16 **Panoramatour im Anagagebirge** La Laguna › Cruz del Carmen ›
Las Carboneras › Chinamada › Chamorga › San Andrés › La Laguna

17 **Von Küste zu Küste** Punta del Hidalgo › La Laguna › Santa Cruz › San
Andrés › Cruz del Carmen › Punta del Hidalgo

18 **Versteckte Strände und bekannte Bodegas**
Punta del Hidalgo › Valle de Guerra › El Pris › Mesa del Mar ›

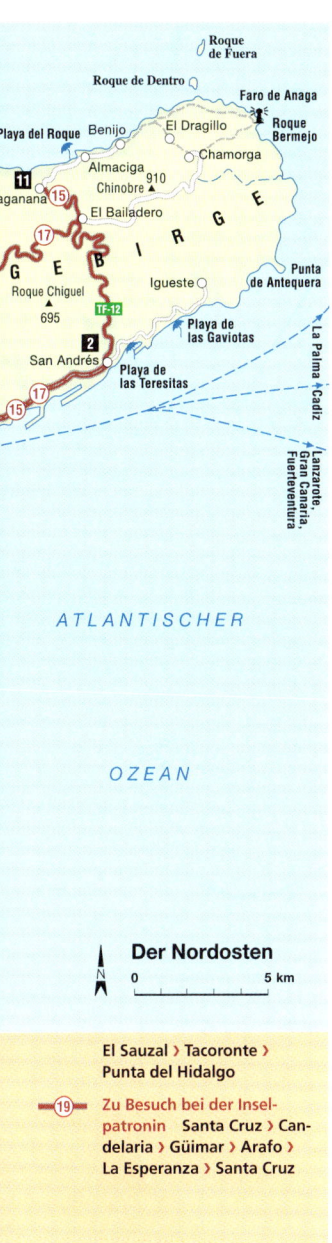

Roque
de Fuera

Roque de Dentro

Faro de Anaga

Playa del Roque   Benijo   El Dragillo   Roque
Bermejo

Almaciga   910
Chamorga

aganana   15   Chinobre

El Bailadero

17

Roque Chiguel   Igueste   Punta
695   de Antequera

TF-12

San Andrés   Playa de
las Gaviotas

17   Playa de
las Teresitas

15

A T L A N T I S C H E R

O Z E A N

La Palma · Cadiz

Lanzarote,
Gran Canaria,
Fuerteventura

Der Nordosten

N   0   5 km

El Sauzal › Tacoronte ›
Punta del Hidalgo

19   Zu Besuch bei der Inselpatronin   Santa Cruz › Candelaria › Güimar › Arafo ›
La Esperanza › Santa Cruz

Hübsche Dörfer, Traumstrände und sowohl feine als auch rustikale Restaurants erwarten Sie bei der Tour durch das **Anagagebirge** › S. 124. Von Santa Cruz geht es über die Schnellstraße nach **San Andrés** und zur herrlichen *Playa de Las Teresitas* › S. 113. Im Dorf führt die TF 12 dann auf die Cumbre (den Kamm) des Anagagebirges und wieder hinunter nach **Taganana** › S. 126 in malerischer Lage. An der **Playa del Roque** › S. 126 kann man in eines der urigen Fischlokale einkehren oder ein Bad im Meer genießen. Der Rückweg führt über die landschaftlich herrliche Höhenstraße. Bei **Cruz del Carmen** › S. 125 lohnt sich ein Stopp beim Besucherzentrum. Über Las Mercedes und La Laguna geht es zurück zum Ausgangspunkt.

Panoramatour im Anagagebirge

16   La Laguna › **Cruz del Carmen** › **Las Carboneras** › **Chinamada** › **Chamorga** › **San Andrés** › **La Laguna**

Distanzen: 85 km über kurvige Landstraßen, reine Fahrzeit gut 2 Std.

Diese Tour führt zu abgelegenen Köhler- und Höhlendörfern und durch großartige Landschaften des Anagagebirges. Bei der Ausfahrt aus La Laguna kann man sich leicht verfahren, deshalb gut auf die Ausschilderung »Las Mercedes« achten. Auf der TF 12 geht es hinauf ins Gebirge. Oberhalb des Dorfes **Las Mercedes** führt die Straße durch den gleichnamigen **Lorbeerwald** ❯ S. 125. Am Besucherzentrum **Cruz del Carmen** ❯ S. 125 sollte man eine Pause einlegen. Der Beschilderung folgend verlässt die Route die TF 12 zum Dorf **Las Carboneras**. Von dort können Sie eine schöne Wanderung in das Höhlendorf **Chinamada** unternehmen ❯ S. 126. Zurück auf der Höhenstraße bietet sich bis zu deren Ende bei **Chamorga** ein großartiges Landschaftspanorama. Auf dem Rückweg führt die Tour ab El Bailadero hinunter nach **San Andrés** ❯ S. 113 mit Traumstrand und vielen Fischrestaurants. Über die Schnellstraße und Autobahn geht es via Santa Cruz flott zurück zum Ausgangspunkt.

Von Küste zu Küste

❯⑰❯ **Punta del Hidalgo** ❯ **La Laguna** ❯ **Santa Cruz** ❯ **San Andrés** ❯ **Cruz del Carmen** ❯ **Punta del Hidalgo**

Distanzen: 85 km über Landstraßen, reine Fahrzeit gut 2 Std.

Nehmen Sie sich bei dieser Tour nur die Besichtigung von La Laguna vor, sonst droht mehr Stress als Entspannung. Von Punta del Hidalgo geht es auf der TF 13 über Tejina nach Las Canteras und von dort auf der TF 12 nach ****La Laguna** ❯ S. 116. Nach der Stadtbesichtigung bringt Sie die Autobahn schnell nach **Santa Cruz** ❯ S. 105 und von dort gleich weiter

nach **San Andrés** ❯ S. 113 an der Ostküste. Am Strand oder in einem der Fischrestaurants verbringt man eine geruhsame Mittagspause, bevor die Fahrt hinauf ins **Anagagebirge** ❯ S. 124 führt. Je nach Lust und Zeit können Sie von der Höhenstraße aus Abstecher in die Dörfer unternehmen. Am **Cruz del Carmen** lohnt sich auf jeden Fall ein Stopp. Über Las Canteras geht es wieder zurück.

Versteckte Strände und bekannte Bodegas

❯⑱❯ **Punta del Hidalgo** ❯ **Valle de Guerra** ❯ **El Pris** ❯ **Mesa del Mar** ❯ **El Sauzal** ❯ **Tacoronte** ❯ **Punta del Hidalgo**

Distanzen: 70 km über Landstraßen, reine Fahrzeit ca. 2 Std.

Das ländliche Leben, das den Nordosten Teneriffas bestimmt, ist Thema dieser Tour – Ausflüge zu versteckten Stränden inbegriffen. Das volkskundliche **Museum Casa de Carta** ❯ S. 122 in einer Finca etwas außerhalb des Landwirtschaftszentrums **Valle de Guerra** ❯ S. 122 ist erstes Besuchsziel. Nach einem Abstecher hinunter zu den Küstenorten **El Pris** und **Mesa del Mar** ❯ S. 122 geht es weiter nach **El Sauzal** ❯ S. 120. Im Restaurant des **Weinmuseums** ❯ S. 121 verbringt man eine angenehme Mittagspause. Der Genuss eines Gläschens kanarischen Weins in einer Bodega in **Tacoronte** ❯ S. 122 bildet den Schlusspunkt dieser schönen Tour.

Zu Besuch bei der Inselpatronin

> ⑲ **Santa Cruz › Candelaria › Güimar › Arafo › La Esperanza › Santa Cruz**

Distanzen: 80 km, davon etwas mehr als die Hälfte auf der Autobahn, etwa 1,5 Std. reine Fahrzeit.

Geschichte und Kultur stehen im Mittelpunkt dieser Tour. Über die Autobahn sind **Candelaria ›** S. 114 und der erste Besuchspunkt, die Kathedrale mit der Inselpatronin Virgen de la Candelaria, schnell erreicht. Weiter geht es – streckenweise über die Autobahn – nach **Güimar ›** S. 115 und zu den dortigen Pyramiden. Für den Besuch des archäologischen Parks sollten Sie mindestens 2 Stunden einplanen.

Nach so viel Kultur sorgt die Rückfahrt über das hübsche Städtchen **Arafo** und den **Esperanzawald** mit der charakteristischen, endemischen Kanarischen Kiefer für Abwechslung. Dort oben bieten sich viele Rastplätze für ein Picknick an, der größte ist **Los Raices**. Wer im Ort **La Esperanza** auf die TF 272 abbiegt, dem bieten sich auf dem Rückweg weitere schöne Ausblicke.

Unterwegs in Santa Cruz ❶

8 Die Provinz- und Inselhauptstadt ist kein Ferienort, doch unabhängig vom Tourismus pulsiert hier das kanarische Leben. Das Zentrum von Santa Cruz de Tenerife (222 000 Einw.) ist eine sehenswerte Mischung von alten, gewachsenen Stadtvierteln mit ausgedehnten Fußgängerzonen und einigen Jugendstilvillen, Einsprengseln moderner Architektur, verkehrsreichen und von (sub-)tropischer Flora gesäumten Boulevards sowie Parks und dekorativen Plätzen. Für einen Stadtrundgang mit Kaffeepause reichen 3–4 Stunden, wer dazu einen Einkaufsbummel oder Museumsbesuche plant, sollte einen ganzen Tag einplanen.

Nicht nur Kindern bereitet eine ==Stadtrundfahrt mit der Bimmelbahn== Vergnügen: Jeden Tag fährt ab 10 Uhr zur vollen Stunde ein Zug an der Plaza de España los.

Die **Tiefgaragen** unter dem Kaufhaus Corte de Inglés und der Plaza España bieten ausreichend Parkraum. **Stellplätze** gibt es auch am Barranco de Santos › S. 106.

Stadtbesichtigung

Ausgangspunkt für den Stadtrundgang ist die **Plaza de España.** Zusammen mit der **Plaza de la Candelaria** bildet sie den attraktiven Zugang zur Stadt.

Plaza de España Ⓐ

Nach Jahren der Neugestaltung
wurde die Plaza im Sommer 2008
endlich wieder eröffnet. Die In-
tention der Planer war, die Stadt
und das Meer miteinander zu verbinden: Das Bindeglied bildet ein
36 000 m² großer Meerwassersee
mitten auf dem Platz. Diesen umgeben Grünanlagen mit kanarischer Flora und Pavillons, in einem von ihnen ist die
Touristeninformation untergebracht. Das **Monumento de los
Caídos** zu Ehren der auf Francos
Seite im Spanischen Bürgerkrieg
(1936–39) Gefallenen blieb zwar
stehen, verlor aber seine bisherige
Dominanz.

An der Südseite des Platzes fällt
der **Palacio Insular** mit seinem Uhrturm auf. Das repräsen-
tative Gebäude ist Tagungsort des
Inselrates. Ein Glasfenster im
Aufgang zeigt das Wappen Teneriffas. Ähnlich monumental wirkt
auch das Hauptpostamt daneben.

Sieg über Admiral Nelson

Jedes Jahr am 24. Juli inszenieren
die Hauptstädter den Kampf gegen
die englischen Invasoren ❯ S. 28
am historischen Ort, selbstverständlich in Kostümen der damaligen Zeit. Den feindlichen Truppen
gelang 1797 die Landung von
etwa 1000 Soldaten, der Lan-
dungsplatz befand sich auf der
heutigen Promenade am Auditorio.
Der englische Admiral Nelson verlor die Schlacht gegen die Inselbewohner.

Iglesia Nuestra Señora de la Concepción Ⓑ

Auf der Avenida de Bravo Murillo
gelangt man zur ältesten Kirche
der Stadt. Sie wurde 1502 erbaut,
fiel aber genau 150 Jahre später
einem Brand zum Opfer. Als äußerlich schlichte Barockkirche
mit kanarischen Stilelementen
wurde sie aus dunklem Basalt neu
errichtet und mit einem Turm
versehen, dessen achteckiger Auf-
satz als Ausguck zum Ausspähen
von Schiffen und zum Erkennen
von Bränden diente. Im Innern
des niedrigen, fünfschiffigen Gotteshauses zieht der prunkvolle
Hochaltar zu Ehren der Unbe-
fleckten Empfängnis Mariens die
Aufmerksamkeit auf sich.

In der **Herz-Jesu-Kapelle** steht
das Kreuz, das der Eroberer Alonso Fernández de Lugo zum Zeichen der Inbesitznahme der Insel
in den Strand pflanzte und von
dem sich der Name der Stadt ab-
leitet. Der Boden der benachbarten **Jakobskapelle** birgt den
Leichnam des erfolgreich gegen
Admiral Nelson angetretenen Ge-
nerals Gutiérrez (❯ Exkurs links).

Östlich des Zentrums

Jenseits des Barranco de los Santos befindet sich das ehemalige
Hospital *(Antiguo Hospital Civil)*.
In dem klassizistischen Komplex
sind vier Museen untergebracht.
Für Urlauber, die mehr über die
Insel wissen wollen, empfiehlt
sich das moderne ***Museo la Naturaleza y el Hombre** Ⓒ. Die na-
turwissenschaftliche Abteilung
präsentiert die geologischen For-

Das Auditorio von Santiago Calatrava: neues Wahrzeichen der Hauptstadt

mationen, Flora und Fauna des Archipels. Über das Leben der Ureinwohner informiert die archäologische Abteilung. Weitere Räume sind den einzelnen Inseln sowie u.a. der präkolumbischen Kunst Lateinamerikas gewidmet (Calle Fuente Morales s/n, Tel. 922 20 93 20; Di–So 9–19 Uhr, So freier Eintritt).

Fans der modernen Architektur sollten von hier aus einen Abstecher auf die Promenade zum *Auditorio **D** von Santiago Calatrava machen. Die Form des im September 2003 eröffneten Konzerthauses mit zwei Sälen erinnert an eine Riesenwelle. Millionen von Bruchstücken weißer Kacheln lassen die Fassade glänzen (Programm unter www.audi toriodetenerife.com, Kartenvorverkauf in der Calle Cruz Verde 21–23, Tel. 922 27 06 11).

Es lohnt sich, weiter über die **Avenida del Tres de Mayo** zu

schlendern. Die **neue Flanierstraße mit Fußgängerpassagen** ist Standort der größten Warenhäuser, darunter El Corte Inglés.

An einer leicht erhöhten Stelle weiter nördlich steht die im arabischen Stil gebaute Markthalle **Mercado de Nuestra Señora de África** **E**, wo es turbulent und lautstark wie in einem orientalischen Basar zugeht. An Sonntagen bleibt der an eine Karawanserei erinnernde Mercado zwar geschlossen, dafür findet vor seinen Toren bis zum frühen Nachmittag ein **Flohmarkt** statt.

Abstecher zur Kunst

Über die General-Serrador-Brücke gelangt man wieder ins Zentrum. An der Plaza Madeira rechts liegt das **Teatro Guimerá** **F**. Das Stadttheater ist nach dem in Santa Cruz geborenen Dramatiker Ángel Guimerá (1847–1924) benannt, einer der erfolgreichsten

Schriftsteller katalanischer Sprache. Hier konzertiert das bekannte Symphonieorchester Teneriffas (Tel. 922 20 08 38).

In einer ehemaligen Markthalle aus dem Jahr 1851 neben dem Theater befindet sich eine Galerie für Foto- bzw. Kunstausstellungen: **Centro de Fotografía** Ⓖ (Plaza Isla de la Madera s/n, Tel. 922 29 07 35; Di–So 10–20 Uhr).

Rund um den Parque del Príncipe Ⓗ

Geradeaus erreicht man über die Valentín Sanz den schönen Parque del Príncipe de Asturias. Er ist vom dichten Laubwerk mächtiger Indischer Lorbeerbäume über-

dacht und hat in der Mitte einen Pavillon, der gern zu Konzerten genutzt wird. Der **Kiosco Príncipe** mit Café und kleinen Gerichten auf der Speisekarte ist **ein** `Echt gu` **schöner Pausenplatz.**

An der Nordostseite des Parque del Príncipe prangt die Fassade des Kulturvereins **Círculo de Amistad XII de Enero** mit ihren dekorativen Drachen und Frauenfiguren.

Ein Besuch im **Städtischen Museum** Ⓘ am unteren Ende des Parks ist insbesondere Kunstinteressierten zu empfehlen (Museo Municipal, José Murphy, 12, Sommer Mo–Fr 10–13.30, Winter Mo–Fr 10–19 Uhr, Eintritt frei).

Ⓐ Plaza de España
Ⓑ Iglesia Nuestra Señora de la Concepción
Ⓒ Museo la Naturaleza y el Hombre
Ⓓ Auditorio
Ⓔ Mercado de Nuestra Señora de África
Ⓕ Teatro Guimerá
Ⓖ Centro de Fotografía
Ⓗ Parque del Príncipe de Asturias
Ⓘ Städtisches Museum
Ⓙ Iglesia San Francisco
Ⓚ Caja General de Ahorros de Canarias
Ⓛ Parque Municipal García Sanabria
Ⓜ Plaza 25 de Julio
Ⓝ Casa Quintero
Ⓞ Plaza del General Weyler
Ⓟ Casa Elder
Ⓠ Parlamento de Canarias
Ⓡ Plaza de la Candelaria

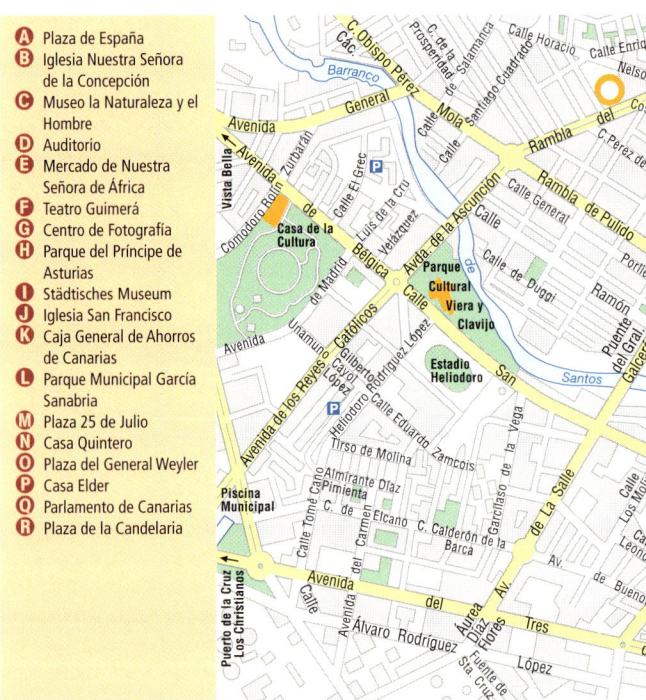

Das Museum enthält neben einer Skulpturen- und Keramiksammlung u.a. zahlreiche Gemälde kanarischer Maler (Pedro de Guezala, Francisco Bonnín Guerín, José A. García Aguiar, Nestor Martín Fernández de la Torre). Die Fassade zieren Büsten kanarischer Dichter, Denker und Musiker.

Auf der Rückseite des Museums öffnet die **Iglesia San Francisco** ihre barocke Pforte. Das 1860 geweihte Gotteshaus mit drei vergoldeten Altarwänden und Wandfresken diente uspründlich als Klosterkirche eines Franziskanerkonvents, zu dessen Besitz einst auch der Parque del Príncipe gehört hatte.

Zum Parque Municipal García Sanabria

An der verspiegelten Außenhaut des modernen Gebäudes der Kanarischen Sparkasse, der **Caja General de Ahorros de Canarias** , geht es vorbei in die Calle La Luna. Mit ihren vielen Restaurants ist sie ein beliebter Treffpunkt. Durch eine Einkaufspassage gelangt man an ihrem Ende zum größten und schönsten Park der Hauptstadt, dem **Parque Municipal García Sanabria** . Man schlendert über breite Alleen, spaziert durch überwucherte Laubengänge und verweilt an Wasserspielen mit steinernen Nixen oder am Kinderspielplatz.

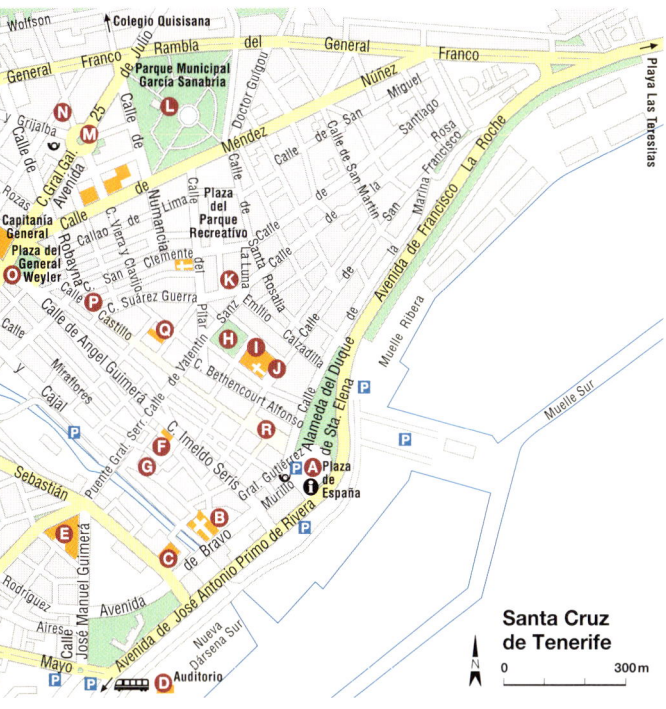

Santa Cruz
de Tenerife

0   300 m

Weitere hübsche Plätze

In der Mitte der kleinen, verspielten **Plaza 25 de Julio** sprudelt ein mit Sevillaner Azulejos verkleideter **Brunnen**. Auf dem Brunnenrand sitzen acht glasierte Frösche, mit dem bunten Vogel in der Mitte um die Wette speiend. Sehenswert sind außerdem die gefliesten Sitzbänke mit nostalgischer Reklame.

In der weiteren Umgebung des Platzes, in den Nebenstraßen und jenseits der Rambla im Westen, finden sich die schönsten Villen der Jahrhundertwende (um 1900). Bemerkenswert ist zum Beispiel die restaurierte **Casa Quintero** an der Calle Jesús y María mit elegant stilisierten Pflanzenstuckaturen in lindem Grün.

Auf der Plaza de Weyler

Die Avenida 25 de Julio weiter bergab folgt die **Plaza del General Weyler** . Sie ist zwar nicht groß genug, um im Lärm und Verkehrsgewühl als Oase gelten zu können, setzt aber mit ihrer **Fuente del Amor,** dem Liebesbrunnen, einen charmanten Akzent. Achille Canessa hat ihn aus weißem Marmor gehauen. In Teilen wurde das Werk von Genua nach Teneriffa verschifft.

Um die Calle El Castillo

In der Einkaufsmeile Calle El Castillo und den umliegenden Straßenzügen reihen sich Boutique an Boutique, Warenhaus an Warenhaus. Ins Auge fallen besonders die überquellenden Auslagen der indischen Kaufleute, die nebst orientalischen Waren vor allem mit preisgünstigen Parfüms, Kameras und den neuesten elektronischen Entwicklungen aufwarten.

An der Kreuzung der Castillo mit der Robayna hat sich mit der **Casa Elder** ein Relikt aus der Epoche des Jugendstils erhalten. Ein Blickfang ist die geschnitzte Holztür. Der Architekt des Hauses, Antonio Pintor, hat um die Jahrhundertwende gewirkt und entwarf die Pläne für zahlreiche Großprojekte der Insel, z.B. die inzwischen geschlossene Stierkampfarena in Santa Cruz oder das Teatro Leal in La Laguna.

In den Räumen der Casa Elder bietet die Buchhandlung **La Isla** u.a. eine gute Auswahl landeskundlicher Literatur über die Kanaren an.

Im Círculo de Bellas Artes, Calle Castillo 43, Tel. 922 24 26 49, kann man nicht nur die neuesten Werke kanarischer Künstler betrachten (tgl. 10 bis 13, 18–21 Uhr), sondern im angeschlossenen Kunstcafé auch über das Gesehene sinnieren und diskutieren (tgl. 11.30–23 Uhr, Tel. 909 78 98 86).

In der Seitenstraße Calle Teobaldo Power tagt in einem etwas zurückgesetzten Gebäude hinter einem klassizistischen Säulenportikus das **Parlamento de Canarias** . Das Parlament der Kanarischen Inseln hat hier seinen ständigen Sitz (❯ Exkurs unten).

Plaza de la Candelaria

Die Calle El Castillo mündet in die Plaza de la Candelaria. Sie verdankt ihren Namen einer Marmorstatue der Inselpatronin im unteren Bereich. Vier Menceyes ❯ S. 29 sitzen der Madonna mit Jesuskind zu Füßen. Vermutlich ist sie dem Genuesen Pasquale Bocciardo zuzuschreiben, der

Casa Quintero, Villa im Jugendstil

auch die Marmorkanzel der Kathedrale von La Laguna geschaffen hat.

Auf der Nordseite des Platzes liegt der **Palacio de los Rodríguez Carta,** für dessen Fassade dunkelgrauer Basaltstein verwendet wurde. In dem ehemaligen Adelspalast von 1742 hat sich heute eine Bank eingerichtet. Die Schalterhalle befindet sich im Patio, der von geschlossenen Balkonen aus dem dunklen, polierten Kernholz der Kanarischen Kiefer umsäumt ist.

Wechselnde Macht

Wegen der andauernden Konkurrenz zwischen den Inseln Teneriffa und Gran Canaria wurde die Hauptstadtfunktion Santa Cruz de Tenerife und Las Palmas de Gran Canaria gemeinsam zuerkannt. Der Regierungspräsident wechselt daher alle vier Jahre die Stadt, während das Parlament ständig hier in Santa Cruz residiert.

Das Büro der Touristeninformation liegt am Ausgangspunkt der Stadtrundgänge in einem Pavillon auf der Plaza España. Mo–Fr 8.30–18 Uhr, Sa 9–13 Uhr.

Busse und Straßenbahn

Verbindungen zu allen wichtigen Orten vom Busbahnhof zwischen Avda. de Tres de Mayo und Avda. de la Constitución. Zur Playa de las Teresitas steigt man an der Meerespromenade nördlich der Plaza de España zu. Zwischen Santa Cruz und La Laguna verkehrt in kurzen Intervallen eine Straßenbahn, die Tranvía. Sie startet neben der zentralen Busstation (s. oben).

Hotels

■ Iberostar City Hotel Mencey
Calle Dr. José Naveiras 38
38004 Santa Cruz][Tel. 922 60 99 00
www.iberostar.com
Fünf-Sterne-Luxus mit Park, Tennisplätzen und 300 Zimmern. Das Haus im Kolonialstil wird 2010 komplett renoviert und mit Spa ausgestattet. ●●●

■ Hotel Escuela Santa Cruz
Avda. San Sebastián 152
38006 Santa Cruz
Tel. 822 01 05 29
www.hecansa.com

Elegantes und großzügiges Vier-Sterne-Haus mit ehrgeiziger Küche. Die Lage des Ausbildungsbetriebs für das Hotelfach ist günstig, aber nicht idyllisch (gegenüber dem Fußballstadion). ●●

■ Horizonte
Calle Santa Rosa de Lima 11
38001 Santa Cruz
Tel. 922 27 19 36
Das kleine ältere Hotel wird persönlich geführt und liegt zentrumsnah in einer Nebenstraße. Kleine Zimmer. ●

Restaurants

■ Da Gigi
Avda. Anaga 43
Tel. 922 24 20 17
Beliebter Edelitaliener an der Promenade gegenüber dem Hafen. ●●●

■ Cervecería Central
Calle La Luna s/n
Tel. 922 29 11 14
Von Großstädtern gern frequentiertes Lokal, in dem kanarische Gerichte und Tapas serviert werden. Spezialität der Küche sind feine Reisgerichte. ●●

Karneval in Santa Cruz

Unter Franco war er offiziell verboten und wurde nur als zahnlose Winterschlussfiesta mit Kostümvorschriften und unter politischen Auflagen durch das Hintertürchen wieder zugelassen. Seit den 1980er-Jahren boomt der kanarische Karneval und hat sich zu einem der glanzvollsten Faschingsspektakel in Europa entwickelt. Vorbild ist Rio de Janeiro. Monatelang bereitet man sich vor, und vier Wochen lang halten dann fast ohne Unterbrechung Samba- und Salsaklänge die Fieberkurven oben.

Die Höhepunkte des Festes im ewigen Frühling sind die prunkvolle Wahl der Karnevalskönigin, die Umzüge *(coso)* in Santa Cruz am Faschingsdienstag, in Puerto de la Cruz am Wochenende darauf und dazwischen das krokodilstränenreiche Begräbnis einer riesigen (Pappmaché-) Sardine, die schließlich auf der Plaza de España abgefackelt wird. Und natürlich die frenetischen Tänze auf den Straßen und Plätzen der Stadt! Bis zu 20 000 Menschen beteiligen sich aktiv am Umzug, die Zahl der Zuschauer erreicht das Zehnfache.

■ **La Lateria**
Benavides 30
Tel. 922 24 97 78
Serviert werden kanarische Spezialitäten wie z.B. Kaninchen in Beize. ●●

■ **Kiosco Principe**
Parque del Príncipe de Asturias
Tel 922 24 72 40
In diesem Terrassenlokal und Jugendstilpavillon werden tagsüber Tapas und kleine Gerichte serviert, abends sind auch große Speisen auf der Tafel notiert. ●●

Nightlife

■ In der größten Disko der Stadt, dem KU, Avda. de Madrid, finden häufig Livekonzerte statt.

■ Die beliebte Bierkneipe Metro, Rambla de Pulido 89, oder das Szenelokal Parra, Pasaje Sitia 19, bieten sich für den nächtlichen Bummel an.

■ Im Hotel Mencey lädt ein Spielcasino (Zugang von der Rambla General Franco) zum Glücksspiel ein.
Fr und Sa wird nach Mitternacht zum Tanz aufgespielt.

Ausflüge ab Santa Cruz

9 San Andrés, Playa de las Teresitas

Das Fischerdorf **San Andrés** ❷ zieht sich pittoresk den Berghang hinauf. Die meisten der schmalen Gassen sind Fußgängerzonen. Heute verdienen die Menschen mehr Geld mit der Zubereitung von Fischen und Meerestieren als mit ihrem Fang: Lückenlos reiht sich entlang der Hauptstraße Restaurant an Restaurant.

Die **von Palmen gesäumte** *Playa de las Teresitas* wurde mit Sand aus der Sahara aufgeschüttet. Eine im Meer versenkte Mole verhindert, dass die Brandung den Strand wieder wegschwemmt und ermöglicht das unbeschwerte Baden im Meer. Die breite Playa eignet sich ideal zum Joggen. Wegen seiner Größe wirkt der familienfreundliche Strand nie überfüllt. Alle Serviceeinrichtungen wie Rettungswacht, Umkleiden, Getränkekioske, Tretbootverleih etc. sind vorhanden.

Echt gut!

Restaurants

Am frischesten ist der Fisch in Lokalen, wo man ihn direkt aus dem Bassin oder vom Tresen aussuchen kann. Empfehlenswerte Restaurants in San Andrés sind:

Leuchtturm am Fischerhafen von San Andrés

Candelaria ist im August Ziel der größten Wallfahrt der Kanaren

■ **Ramón**
Dique 23
Tel. 922 54 93 08
In dieser eleganten Marisquería kommen Krabben und Fisch garantiert frisch aus dem Bassin. ●●

■ **El Rubí**
Dique 19
Tel. 922 54 96 73
Neben den Fischgerichten ist hier auch die Paella zu empfehlen. ●●

Zur Inselpatronin nach Candelaria 🎱

Am 14. und 15. August jeden Jahres herrscht hier Hochbetrieb: Die ganze Insel feiert den Namenstag der Inselpatronin Virgen de Candelaria mit einer Wallfahrt nach Candelaria, einer Prozession und Feuerwerken. Die **Basilica de Nuestra Señora de Candelaria** – ausnahmsweise ein neuer und architektonisch eher belangloser Bau – überragt das Städtchen. Am Rand des meist menschenleeren Vorplatzes stellen neun Plastiken des einheimischen Künstlers José Abad die neun Guanchenfürsten zur Zeit der Eroberung dar.

Die Innenausstattung der Basilika verzichtet auf auffällige Dekoration, damit nichts von der Figur der Schwarzen Madonna auf dem Altar ablenkt. Diese ist jedoch nicht das im 14. Jh. gefundene Original sondern eine Kopie, die nach dem Verschwinden der Figur 1830 angefertigt wurde (❯ Exkurs unten). Besichtigung: Mo–Fr 7.30–13, 15–19.30 Uhr, Sa, So 7.30–19.30 Uhr. Messen: Mo–Sa 8 und 18 Uhr, So 8, 10, 12 und 18 Uhr.

Die Legende vom Marienstandbild

Zwei Guanchenhirten fanden die Marienfigur viele Jahre vor der Eroberung am Strand. Sie soll sogleich Wunder gewirkt haben und deshalb auf Anordnung des Mencey von Güimar in einer Höhle aufgestellt und unter den Namen *Chaxiraxi* verehrt worden sein. Später entführte der Statthalter des bereits eroberten Lanzarote, Diego de Herrera, das Bildnis, brachte es aber wieder zurück. Die Spanier bauten ihr eine Kapelle am Strand, von wo sie 1826 mit einer Flutwelle verschwand. Die Kopie von Fernando Estévez auf dem Altar der Wallfahrtskirche wird aber nicht weniger verehrt.

Ab Santa Cruz verkehren die Bus-Linien 122 und 123 stündlich.

Restaurants

Auf dem **Vorplatz der Basilika** liegen mehrere Restaurants, in denen kanarische Speisen serviert werden (●●).

Parque Etnográfico Pirámides de Güímar 4

Güímar war bereits in vorspanischer Zeit besiedelt

Teneriffa war schon in der Antike, mehr als 1500 Jahre bevor Kolumbus sich auf den Weg machte, Zwischenstation auf der Schifffahrtsroute von Vorderasien nach Mittelamerika. Dieser Theorie, die Thor Heyerdahl in den 1950er-Jahren aufstellte, ist der Parque Etnográfico Pirámides gewidmet. Diese frühe Verbindung, so Heyerdahl, habe zu einer gegenseitigen Beeinflussung der Kulturen der Mayas/Azteken auf der westlichen Seite des Ozeans und der vorderasiatischen/ägyptischen Kulturen am östlichen Ende des Mittelmeeres geführt. Auch die Pyramiden von Güímar stellt er in diesen Zusammenhang. Dank der Finanzkraft der kanarisch-norwegischen Reederdynastie Olsen konnte das Gelände der Pyramiden gekauft und dieser private Park eröffnet werden.

Der archäologische Park gliedert sich in zwei Bereiche, in das Museum und die Außenzone mit den Pyramiden. Im Museum sind Kultgegenstände, Steinzeichnungen und wirklich erstaunliche Wandbilder der Mayas und Azteken ausgestellt, die Thor Heyerdahls Gedanken bestätigen sollen.

Das ausgegrabene Pyramidengelände ist geometrisch angelegt. Die Hauptachse ist auf den Sommersonnenwendepunkt ausgerichtet. Andere Bauten weisen auf den Wintersonnenwendepunkt und auf Mondphasen hin. Auch wenn man den Thesen Thor Heyerdahls nicht zustimmen mag, verschafft der Besuch des Parks spannende Eindrücke.

Täglich 9.30–18 Uhr; Eintritt 10,20 €, Kinder die Hälfte, Kinder unter 9 Jahren frei. Die Anfahrt ist in Güímar mit »Pirámides« ausgeschildert. Ab Santa Cruz verkehrt die Bus-Linie 120 stündlich, am So alle 2 Std.

Karte
Seite 102

Unterwegs im Nordosten

10 **La Laguna 5

Schon vor der spanischen Eroberung befand sich auf den relativ kühlen und feuchten Höhen der Sommersitz der Menceyes, der Guanchenfürsten. Damals lag San Cristóbal de La Laguna, wie es mit vollständigem Namen heißt, noch an der Lagune, einem inzwischen ausgetrockneten Binnensee. Aus dieser Zeit ist nichts übrig geblieben. Unmittelbar nach ihren Sieg begannen die Spanier 1496 La Laguna zur Hauptstadt auszubauen. Wie später die Städte in den spanischen Kolonien auf dem amerikanischen Kontinent, legten die Bauherren auch La Laguna

Der Palacio de Nava in La Laguna

schachbrettförmig an. Die klare Gliederung der Straßenzüge macht eine Orientierung in der Stadt (150 000 Einw.) einfach.

Stadtbummel

Ein guter Ausgangspunkt für einen Spaziergang durch die Altstadt ist die **Plaza del Adelantado**. Die Touristeninformation und viele der historisch wichtigen Gebäude liegen am Platz sowie in der hier beginnenden Calle Obispo Rey Redondo. An der Plaza liegt auch die <mark>Markthalle,</mark> in der man sich zur Stärkung vor dem Rundgang mit frischem Obst oder leckerem Kuchen versorgen kann. Die dortigen Kräuterstände sind über die Stadtgrenzen hinaus bekannt.

Wer mit dem Bus anreist, kann den Stadtbummel an der Iglesia Nuestra Señora de la Concepción (erkennbar am Turm) starten. Auch dort gibt es einen Kiosk der Touristeninformation.

In der Nähe der Plaza, in der Avenida Calvo Sotelo, gibt es eine Tiefgarage (ausgeschildert). Auch längs des Barranco Gonzaliánez stehen Parkflächen zur Verfügung.

Plaza del Adelantado

Der Platz ist ein Schmuckstück: mit einem mehrstufigen Marmorbrunnen, herrlichen alten Bäumen und umgeben von einigen der ältesten und interessantesten

Gebäude der Stadt. Unauffällig wirkt die kleine **Kapelle San Miguel** neben der modernen Markthalle. Sie geht noch auf das Jahr 1506 zurück, wurde aber seither mehrfach umgebaut und dient heute als Kulturhaus.

Das markanteste Bauwerk mit hohen, massiven und abweisenden Mauern ist das **Kloster Santa Catalina**. Als auffälligstes Bauelement thront oben auf der Klostermauer der *ajimez*, ein zwar geschlossen wirkender, aber mit den Holzgittern doch luftiger Kasten. Er ist Teil des maurischen Architekturerbes: Nur vom *ajimes* aus durften die Haremsfrauen – von außen ungesehen – durch die Gitter die Straße beobachten. Dieselben Regeln galten für die Nonnen, die hier ab 1611 einzogen. Ein Teil des Gebäudes ist über 100 Jahre älter und diente schon Alonso de Lugo als Residenz.

Rechts neben dem Kloster fällt der **Palacio de Nava y Grimón** mit seiner dunklen Fassade aus behauenem Stein auf. Er entstand Ende des 16. Jahrhunderts. Die Fassade schmücken Elemente des Barock- und Renaissancestils, den Portikus rahmen Doppelsäulen ein. Die Familie Nava gehörte zu den führenden Geschlechtern Teneriffas und dokumentierte ihren Reichtum mit der steinernen Fassade, während alle anderen Gebäude dieser Zeit im kanarischen Stil aus Bruchstein aufgeschichtet und verputzt worden sind.

Nur wenige Schritte abseits der Plaza del Adelantado, die Calle Constorio nach links und an der zweiten Querstraße wieder links, liegt das **Kloster und Konvent Santo Domingo**, eine schöne, ruhige Anlage im klassischen kanarischen Stil. Der Konvent kann als Vorläufer der Universität betrachtet werden, denn es standen nicht nur religiöse Themen, sondern auch Logik und Philosophie auf dem Stundenplan. Beide Gebäude wurden mehrfach umgestaltet, zuletzt in den 1960er-Jahren. In der altehrwürdigen Kirche fällt ein farbenfrohes Deckenfresko aus dem Jahre 1948 aus dem Rahmen (Mo–Sa 18–19.30 Uhr, So 10–12, 18 bis 19.30 Uhr).

Calle Carrera (Calle Obispo Rey Redondo)

Südwestlich des Klosters Santa Catalina reicht ein Gebäudeblock bis in die umliegenden Straßen hinauf. Eindrucksvoll sind die mächtigen Mauern, massiven Türen und Fenster und die mit Wappen geschmückten Portale. Hinter den Mauern arbeiten heute die Angestellten der **Rathausverwaltung** und des **Stadtarchivs**. Die ältesten Gebäude der Gruppe stehen längs der Calle Obispo Rey Redondo, die häufig auch Calle Carrera genannt wird. Den Anfang macht die **Casa del Corrigidor**, das 1545 fertig gestellte Landgericht, das aber zunächst als Bischofssitz diente. Daneben befindet sich die **Casa de la Alhóndiga** aus dem 17. Jahrhundert. Das Haus diente als Speicher und zeitweise auch als Gefängnis. Die **Casa de los Capitanes**, Sitz der Militärgouverneure, schließt sich

Verschwiegener Innenhof

an. Das Gebäude beherbergt heute die Touristeninformation und das internationale Zentrum zur Erhaltung des kulturellen Erbes (Mo–Fr 9–15 Uhr, im Sommer nur bis 14 Uhr).

Unweit der Casa de los Capitanes weitet sich die Calle Obispo Rey Redondo zum Kathedralplatz. Die **Iglesia de los Remedios** – 1818 zur Kathedrale erhoben – wurde seit ihrer Fertigstellung im Jahr 1511 mehrfach umgebaut; ihr heutiges Gesicht erhielt sie großteils zu Beginn des 20. Jhs. Der Innenraum wird vom Hauptaltar beherrscht, einer Arbeit des berühmtesten kanarischen Bildhauers, Luján Pérez (18. Jh.). Die Figur »El Cristo de los Remedios« datiert auf das 16. Jh. In den 10 Kapellen stehen weitere wertvolle Altäre. Der älteste, künstlerisch

wertvollste und kostbarste Altar steht in der Kapelle Nuestra Señora de los Remedios rechts vor dem Hauptaltar. Das vergoldete, barocke Kunstwerk entstand im 18. Jh. Die Figur der Jungfrau ist aber wesentlich älter, sie befindet sich schon seit 1597 im Besitz der Kathedrale und stammt aus Andalusien. Rechts hinter dem Hauptaltar liegt das Grabmal des Eroberers Alonso de Lugo (Di 10.30–13.30, 17.30–19 Uhr, Mo und Mi–Sa 8.30–13.30, 17.30 bis 19 Uhr. An Sonntagen sollte die Kirche nicht besichtigt werden, um Messen und Andachten nicht zu stören).

Im Innenhof des **Café Hotel Aguere,** Calle Obispo Rey Redondo 55, mit Jugendstilambiente kann man in feiner Umgebung eine Verschnaufpause einlegen. Die Konditoren backen die besten Kuchen und Torten weit und breit.

Der Jugendstilbau des **Teatro Leal** gegenüber der Kathedrale wurde 2008 wiedereröffnet (Programm unter www.teatroleal.com, Vorverkauf: Tel. 922 25 51 41).

Am Ende der Straße liegt das spanische Nationalheiligtum, die **Iglesia Nuestra Señora de la Concepción**. Anders als bei der Kathedrale blieb ihr streng gotischer Stil bei Erweiterungen und Restaurierungen erhalten. Mit dem Bau wurde Anfang des 16. Jhs. begonnen; auffällig ist der siebenstufige Glockenturm aus dunklem behauenen Vulkanstein. In Inneren ist besonders die farbig bemalte Kassettendecke aus

Holz beachtenswert. Die Kirche verwahrt als historisch wichtigstes Objekt ein grünes Majolika-Taufbecken, über das sich die besiegten Guanchenfürsten zur Taufe beugen mussten (Mo, Mi bis Sa 10–12.15, 17–19.30 Uhr, So 8.30–12, 17.30–19 Uhr. Eintritt 0,50 € für die Restaurierung der Kirche, So Eintritt frei).

Calle San Agustín

Nördlich der Iglesia de la Concepción verläuft die Calle San Agustín mit wunderschönen Palästen, deren Innenhöfe häufig geöffnet sind. Der Bau des **Klosters San Agustín**, eines der ersten Gebäude der Stadt, begann noch in den letzten Jahren des 15. Jahrhunderts. Seit Abschluss der Restaurierung des Klostergebäudes ist dieser **Komplex einer der schönsten auf den Kanarischen Inseln.** Den Eingang finden Sie im Glockenturm. Gleich dahinter liegen zwei herrliche Innenhöfe mit Kreuzgängen. Im ehemaligen Konvent werden Kunstausstellungen gezeigt. Von der Kirche steht nur noch die Fassade, eine Totalrestaurierung ist geplant.

Der heutige **Palacio Episcopal** (Bischofspalast) mit seiner dunklen Fassade aus Vulkanstein befindet sich nur wenige Schritte weiter. Er wurde im 17. Jahrhundert als Herrensitz errichtet. Ein Brand zerstörte kürzlich einen Teil der Anlage; an der Wiederherstellung wird gearbeitet.

Das **Museo de Historia de Tenerife** ist in der Casa Lercaro aus dem 16. Jh. untergebracht. Bemerkenswert in diesem hervorragend restaurierten Bauwerk ist vor allem sein Innenhof mit seltener, geschlossener Galerie aus dem Kernholz der Kanarischen Kiefer. Themenschwerpunkt des Museums bildet die spanische Epoche der Insel von der Conquista bis in unsere Tage (Di–So 8–19 Uhr, Eintritt 3 €).

Gleich nebenan liegt die **Casa Montañaes**, der Sitz des kanarischen Rates. Während der Dienstzeit ist das Gebäude geöffnet, so dass man einen Blick in die wunderschönen Innenhöfe werfen kann.

Das **Kloster Santa Clara** liegt einen Straßenzug weiter nördlich zwischen der Calle de Viana und der Calle de Nava y Grimón, die zurück zum Ausgangspunkt an der Plaza del Adelantado führt.

Außerhalb der Altstadt

In der Vía Láctea in Richtung Ortsteil La Cuesta (gut erreichbar mit der Straßenbahn Tranvía) liegt das **Museo de la Ciencia y del Cosmo**. Das der Universität angegliederte Museum dokumentiert, mit neuester Technik ausgerüstet, u.a. den aktuellen Stand der Kosmosforschung (Di–So 10–22 Uhr, Eintritt 3 €).

Info

Ein Infopavillon befindet sich auf der **Plaza del Adelantado,** ein Infokiosk **neben der Iglesia de la Concepción.** Sie erhalten dort mehrsprachiges Informationsmaterial zu den Sehenswürdigkeiten der Stadt und ihrer Umgebung.

Kostenlose geführte Touren (auf
Deutsch) starten Mo–Fr um 10, 12 und
16 Uhr, Sa/So 10.30 und 12 Uhr. Vorhe-
rige Anmeldung erforderlich unter Tel.
922 60 89 74. Treffpunkt ist das Büro
der Touristeninformation.

Bus

Der Busbahnhof liegt neben der Autopista del Norte; von dort gute Verbindungen nach Santa Cruz und Puerto de
la Cruz. Nach Santa Cruz können Sie
auch die Straßenbahn Tranvía nehmen.
Die meisten Busse ins Anagagebirge
starten hier (nur wenige Abfahrten
täglich).

Hotels

■ Aguere
**Calle Obispo Rey Redondo/
La Carrera 55
38201 La Laguna
Tel. 922 25 94 90
Fax 922 63 16 33**
Einfaches Hotel in einem stimmungs-
vollen Altbau (von 1760). 20 Zimmer
gruppieren sich um einen hellen
begrünten Patio. ●●

■ Nivaria
**Plaza del Adelantado 11
38201 La Laguna
Tel. 922 26 42 98
www.hotelnivaria.com**
Drei-Sterne-Hotel in einem renovierten
Haus aus dem 18. Jh., elf moderne
Appartements und 62 Studios. ●●

Restaurants

■ Casa Maquilla
**Callejón Maquilla
Tel. 922 25 70 20**
Im besten Restaurant der Stadt wird
Echt gut ! ==traditionelle kanarische Küche in
historischem Ambiente== zelebriert.

Besonders empfehlenswert: die
knusprigen Gerichte aus dem Ofen.
Tgl. 12–15, 19–24 Uhr, So abends und
Mo geschlossen. ●●

■ Bodega Viana
Calle de Viana 35
Typische Bodega mit einfachen,
ländlichen Speisen. ●

Nightlife

Das Kneipenviertel um die **Calles
Dr. Zamenhof, Catedral Heraclio Sán-
chez und Dr. Antonio González** liegt
nördlich der Universität. Kneipen und
Discos wechseln häufig Namen und
Besitzer; außerhalb des Semesters ist
nicht viel los. Im **Buho,** **Calle Catedral**,
gibt es am Wochenende Livemusik.
Ein Tipp für Nachtschwärmer: Man
trifft sich gegen Morgen in der **Choco-
lateria Miguel Angel** beim Markt (hinter der **Plaza del Adelantado**) und
strapaziert den Zahnschmelz mit in Öl
gebackenen Teigwürsten *(churros),* die
in heiße Schokolade getaucht werden.

El Sauzal ❻

Wunderschön liegt der gepflegte,
blumengeschmückte Ort am Rande der Steilküste. Der Straße folgend zieht er sich in Serpentinen
nach unten. Ein atemberaubendes
Panorama bietet sich vom wie ein
Balkon über den Klippen hängen-
den Aussichtpunkt **Mirador La
Garañona**. Einen Besuch wert ist
auch der **Jardín las Tosquillas**
(Calle San Nicolás 105, tgl.
9–17 Uhr) außerhalb in Richtung
Tacoronte. Der Garten hat sich
auf Palmen und Luftnelken spezialisiert. Hauptattraktion des Ortes
ist jedoch die Casa del Vino.

Jugendliche beim Abhängen in El Sauzal

Restaurant

Mirador La Garañona

Ortsteil Sauzalito

Tel. 639 14 13 45

In dieser Cafeteria gibt es Eis, Kaffee und Kuchen – bei grandioser Aussicht auf die Steilküste und den Teide. Di–So 12–21 Uhr. ●

Casa del Vino La Baranda

Kurz hinter der Autobahnabfahrt El Sauzal liegt noch vor dem Städtchen das ehemalige Gutshaus aus dem 17. Jahrhundert mit einem angeschlossenen Weinmuseum. Seine Lage ist fantastisch: **Der Blick reicht über den ganzen Norden der Insel bis zum Teide.** In den Ausstellungsräumen wird die wechselvolle Geschichte und die Entwicklung des tinerfensischen Weinanbaus dargestellt. Das Haus dient gleichzeitig als Zentrum der regionalen Winzergemeinschaft, die sich um den Qualitätsweinanbau auf Teneriffa verdient macht. Die Produkte der Genossenschaft können an Ort und Stelle verkostet und gekauft werden. Im Sommer finden im Innenhof klassische Konzerte statt (Di–Sa 10–22 Uhr, So u. Feiertags 11–18 Uhr, Eintritt frei; Tel. 922 57 25 35, www.cabtfe. es/Casa-vino).

Restaurant

Tasca

In den Räumen des Weinmuseums werden kanarische Speisen und Weine der Region kredenzt. Di–Sa 13–23, So 13–16 Uhr. ●●

Casa del Miel – Honigmuseum

Auch dieser historische Gutshof auf dem Gelände der Finca Baranda dient als Zentrum zur Qualitätsverbesserung und als

Museum für die regionale Honig-
produktion. Das Haus befindet
sich in Nachbarschaft zur Casa
del Vino (an dieser vorbei und
dann zweimal rechts abbiegen;
Di–Sa 10–22 Uhr, So 11–18 Uhr,
Eintritt frei).

Tacoronte 7

In der fruchtbaren Ebene von
Valle de Guerra werden Zitrus-
früchte, Wein, Gemüse und Kartoffeln sowie tropische Früchte
angebaut. Tacorontes Zentrum ist
recht lebendig, bietet aber keine
besonderen Sehenswürdigkeiten.
Der interessanteste Besuchspunkt
Tacorontes, die **Bodegas Álvaro,**
liegen etwas abseits der Hauptstraße (Tel. 922 56 03 59, ca. 2 km
vom Zentrum in Richtung La
Laguna nach rechts abbiegen;
Mo–Sa 9–17.30 Uhr).

Der größte Weinhändler der
Insel produziert auch selbst, es
gibt einen Probiersaal mit Ver-
kauf. Nicht nur, wer sich für den
kanarischen Wein interessiert,
sollte sich hier einfinden. Schon
die endlosen, im hinteren Bereich
mit Spinnenweben behängten
Flaschenregale sind ein faszinie-
render Anblick.

Shopping

Im **Barranco de San Juan** (zwischen
Tacoronte und Valle de Guerra) findet
Sa und So 9–14 Uhr ein Bauernmarkt
statt. Hier verkaufen die Landwirte
alles, was Felder und Gärten hergeben,
von Gemüse und Wein über Käse bis
zu Kräutern. Fleisch und Fisch sind
ebenfalls im Angebot.

Mesa del Mar 8 und El Pris

An der Landstraße (TF 16) weisen
Schilder die Steilküste hinunter
nach Mesa del Mar und El Pris.
Beide Orte liegen direkt am Küs-
tensaum. Die Siedlung **Mesa del
Mar**, übersetzt »der Meerestisch«,
zählt ohne Zweifel zu den größten
Bausünden Teneriffas. Die vor-
mals schöne Felsenbucht wurde
total mit Betonbauten bedeckt.
Immerhin kann man hier in einem großen Meerwasserbecken
und in einer Strandbucht (durch
einen Tunnel zu erreichen) gut
schwimmen.

Über einen hübschen Spazier-
weg an der Steilküste lässt sich das
benachbarte **El Pris** erreichen
(auch Direktverbindung über die
Landstraße). Das Fischerdorf
konnte einen Teil seines alten
Charmes bewahren, weil die
Hochhäuser hier nur am Ortsrand stehen.

Casa de Carta – Museo Etnográ-fico de Tenerife

Die Casa de Carta ist an der Landstraße kurz vor dem Ort Valle de
Guerra ausgeschildert. Der große
Gutshof aus dem 18. Jahrhundert
zeigt das bäuerliche Leben der
vergangenen Jahrhunderte. Die
Räume sind mit Originalmöbeln
ausgestattet, in der Küche stehen
die Steinzeugschüsseln im Bord
und der Eisenkessel auf dem

Herd. Alte Trachten sind ausgestellt und in Sonderräumen kann man mit etwas Glück – wenn gerade eine Schulklasse oder Jugendgruppe zu Besuch kommt – Weberinnen oder Korbflechtern bei der Arbeit zusehen (Di–So 10–20 Uhr, Eintritt 3 €, Kinder bis 8 Jahre die Hälfte, So freier Eintritt).

Bajamar 9

Schon vor hundert Jahren zogen die Einwohner von La Laguna im Sommer und an den Wochenenden mit Kindern und Picknickkorb hierher. Deutsche Urlauber entdeckten den Badeort in den 1960er-Jahren als ruhige, naturverbundene Alternative zu Puerto de la Cruz. Bajamar ist ruhig geblieben, die Urlaubermassen strömen lieber nach Süden. In den großzügigen Badeanlagen tummeln sich mehr Einheimische als Ausländer.

Für deutschsprachige Gäste gibt es in der **Leihbücherei** (Avda. Gran Poder de Dios, Apartmenthaus Picinas) jeden Montag von 15–18 Uhr Ferienlektüre auf Zeit.

Bus

Santa Cruz über La Laguna: Linie 105, alle 30 Min. Von Bajamar ins Anagagebirge: Linie 105. Umsteigemöglichkeit in Las Canteras an der Kreuzung.

Restaurants

■ Calabacin
Gegenüber der Badeanlage
Vielseitige und gute Küche mit kanarischen und vegetarischen Speisen. ●

■ Café Palmerita
Avenida Gran Poder de Dios (im Apartmenthaus Picinas)
Das reichhaltige Sortiment an deutschen Kuchen und Torten ermöglicht einen Kaffeeklatsch wie zu Hause. Auch Vollkornbrot und Brötchen sind im Sortiment. ●

Hotels

■ Delfin
Avenida del Sol 59
38250 Bajamar
Tel. 922 54 02 00
www.delfinbajamar.com
Renoviertes, maritim in Blauweiß gestaltetes Hotel. Zu den Meerwasserbecken braucht man nur über die Straße zu gehen. ●

■ Neptuno
Carretera General La Laguna–Punta Hidalgo s/n
38250 Bajamar
Tel. 922 54 25 62
Einfaches Haus am östlichen Ortsende, mit Schwimmbad. ●

Sicheres Badevergnügen: Meerwasserschwimmbecken in Bajamar

Punta del Hidalgo ⑩

Das Dorf liegt vom Ferienbetrieb weitgehend unberührt am Berghang. Der Badebetrieb und die Feriengäste konzentrieren sich auf den am ruhigen Küstenabschnitt gelegenen Ortsteil Teseinte. Die beiden Hotels haben sich in Anbetracht der Ruhe und Frische hier auf den Kurbetrieb spezialisiert. Ansonsten hat Punta del Hidalgo ein paar schöne Restaurants, eine nicht ganz so schöne Promenade und ein paar schlichte Badeplätze zu bieten. Von Punta del Hidalgo lohnt sich die sehr schöne Wanderung hinauf ins Anagagebirge zum Höhlendorf Chinamada › S. 126.

Bus

Ab Santa Cruz über La Laguna und Bajamar: Buslinie 105, alle 30 Min › 123.

Restaurants

Die Restaurants (●●) der beiden Kurhotels bieten abwechslungsreiche Küche und täglich wechselnde Vollwertmenüs auch für Gäste von außerhalb.

■ La Caseta
Av. Marítima][**922 15 66 32**
Großes, sehr gepflegtes Restaurant mit spanischer und kanarischer Küche, vielen Meeresfrüchtegerichten und Leckereien wie Torten, Kuchen und Eisbechern. Mo geschl. ●●

■ Casa Doris
Ctra. Punta–Bajamar
Tel. 922 15 61 51
Einfaches, großes Lokal mit Panoramafenstern zum Meer. Am Glastresen

liegt der tägliche Fischfang aus, der nach Wunsch zubereitet wird. ●●

■ Café Melita
Ctra. Punta–Bajamar
Tel. 922 54 08 14
Feiner deutscher Kuchen und kräftiges Vollkornbrot. ●●

Hotels

■ Océano
Paseo Marítimo
38240 Punta del Hidalgo
Tel. 922 15 60 00
www.oceano.de
Sport- und Kurhotel mit 85 Appartements, Gesundheits- und Seminarzentrum und Meerwasserschwimmbecken; auch Diätprogramm (F. X. Mayr). ●●

■ Atlantis Park
38240 Punta del Hidalgo
Tel. 922 15 64 11
www.atlantis-park.com
Ein etwas einfacheres Aparthotel in der zweiten Reihe; mit Kurprogramm. ●●

 ⑪ Anaga- gebirge

Obwohl vor den Toren der großen Städte gelegen, blieb das Anagagebirge lange Zeit unerschlossen – seine tiefen Schluchten erschwerten den Straßenbau. Die Bergdörfer blieben vom Tourismus nahezu unberührt, nur Wanderer und die Rundfahrer lernen sie kennen. An den steilen Hängen ist Landwirtschaft nur auf kleinen, hübsch anzuschauenden aber unwirtschaftlichen Terrassenfeldern möglich. Viele liegen brach, andere werden nur noch im Nebenerwerb bearbeitet. Während der Woche gehen ihre Besitzer einer bezahlten Tätigkeit in Santa Cruz nach. In manchen Dörfern harren nur noch die Alten aus.

An der Ruhe und Ursprünglichkeit des Anagagebirges wird sich auch in Zukunft nichts ändern, die kanarische Regierung hat es zum *Parque Rural* – vergleichbar mit dem deutschen Landschaftsschutzgebiet – erklärt. Hier, im Wald von **Las Mercedes** oberhalb der gleichnamigen Ortschaft haben sich Bestände des des **Lorbeerwaldes** (Laurisilva) erhalten. In den höheren Zonen geht er in eine strauchartige Vegetation über, die **Fayal-Brezal**. Ihre charakteristischen Sträucher sind der Gagelbaum und die Baumheide. Für diese Mischung ist der Ausdruck Monteverde (»Grüner Berg«) gebräuchlich.

Pkw-Fahrer lernen das Anagagebirge über die Höhenstraße kennen, die sie via La Laguna und Las Mercedes oder über Santa Cruz und San Andrés erreichen. Bei guter Sicht, sofern nicht eine Passatwolke bis auf den Kamm zieht, eröffnen sich zu beiden Seiten der Straße immer wieder atemberaubende Ausblicke auf Schluchten, Berggrate, Steilküsten und Felseninseln.

Von den Aussichtspunkten entlang der Straße gewähren **Mirador Jardín** und **Cruz del Carmen** einen Blick über die Hochebene von La Laguna bis zum Teide. Der **Ausblick vom *Mirador Pico del Inglés** zählt zu den schönsten der ganzen Insel. Hier genießt man

Ausblick vom Mirador Pico del Inglés (992 m), einem der Aussichtspunkte im Anagagebirge

die Sicht über das Anagagebirge, auf La Laguna und Santa Cruz und sogar bis Gran Canaria.

Bus

Ab La Laguna und Santa Cruz fahren mehrere Linien alle Dörfer außer Chinamada an.

Info

Am Aussichtspunkt **Cruz del Carmen** hat die Naturparkverwaltung ein **Besucherzentrum** eingerichtet. Schautafeln informieren über Klima und Vegetation des Anagabirges; ein Lehrpfad stellt die Pflanzen der Zone vor.

Taganana 🔟

Der Hauptort des Anagagebirges, in dem heute noch 600 Menschen wohnen, ist am besten an das Straßennetz angeschlossen. Relativ große alte Höfe und die Kirche, ein klotziger Bau aus dem 17. Jh., sind Zeugen für eine reichere Vergangenheit. Kurz nach der Eroberung wurde hier Zuckerrohr angebaut. Unterhalb von Taganana liegt ein kaum besuchter, weicher Naturstrand vor zauberhafter Felsenkulisse, die **Playa del Roque** (kein Strandservice, Restaurants in der Nähe). Entlang der Straße in Richtung Osten kann man weitere Strände entdecken.

Chinamada 🔢

Dem letzten Höhlendorf Teneriffas nähert man sich am besten zu Fuß. Wenn man davon absieht, dass das Licht nur von vorne ins Zimmer fällt, lebt es sich in den Wohnhöhlen genauso bequem wie in einem modernen Haus. Klimatisch sind sie sogar besser angepasst: im Sommer weniger warm, im Winter nicht so kühl. Die gut ausgearbeiteten Höhlenzimmer mit Strom und Wasseranschluss verstecken sich hinter einer gemauerten Fassade mit Tür, Fenstern und Blumenschmuck.

Restaurants

■ La Cueva
In Chinamada
Originelles Höhlenrestaurant mit rustikalen kanarischen Speisen. Tgl. 11–18 Uhr, Mo geschl. ●●

■ Tesegre
In Carboneras

Gute bäuerliche kanarische Küche und einheimischer Wein. 11–20 Uhr, Mo geschl. ●

Wanderung nach Chinamada

Las Carboneras, ein früheres Köhlerdorf, erreicht man mit dem Pkw auf einem Abstecher (ausgeschildert) von der Kammstraße. Am Ende der asphaltierten Dorfstraße beginnt ein unbefestigter Fahrweg nach Chinamada. Schöner als mit dem Auto ist es, das Höhlendorf im Rahmen einer leichten Rundwanderung anzusteuern (10 km, 2,5 Std.).

Zu Fuß geht es immer den Fahrweg entlang, mit schönen Ausblicken auf den Bergkegel des **Roque Taboro** und später aufs Meer. Schon kurz vor Chinamada eröffnet sich ein herrlicher Talblick. Dort angekommen lohnt es sich, im Ort zu spazieren und dem Schild zum **Mirador Aguiade** an der Steilküste zu folgen und/oder im Restaurant La Cueva einzukehren. Zurück geht es auf demselben Weg oder – etwa eine halbe Stunde länger und kaum schwieriger – über **Las Escaleras** (»die Stufen«, am Ortseingang ausgeschildert). Entlang dieses Weges wandert man immer am Hang entlang auf einen Bergeinschnitt zu, der durch einen Strommasten gut zu erkennen ist. Dort, an einer Gabelung, geht es nach links unten zurück zur Landstraße und nach Las Carboneras.

Vom Wind geschliffen:
Los Roques de García

***Der Teide-Nationalpark

Nicht verpassen!

- Einen Schnellkurs in Vulkanologie im Besucher-zentrum El Portillo absolvieren
- Die Fahrt auf der Cañadas-Straße quer durch den Nationalpark
- Den Überblick vom höchsten Berg Spaniens genießen
- Die Steinsäulen Los Roques de Garcia vor der Kulisse des Teide fotografieren
- Eine Rückschau auf die letzten zweitausend Jahre im Zentrum Cañada Blanca

Zur Orientierung

Wie eine Festung thront der Teide, umgeben von einem nicht ganz geschlossenen Gebirgsring, im Inselzentrum. Am Fuße des Berges, auf mehr als 2000 Metern Höhe, durchbrechen in der Bewegung erstarrte Lavaflüsse, Felsentürme und Aschekegel tellerflache Ebenen. Diese Landschaft wird **Las Cañadas** genannt. Aus ihrer Mitte wächst als gleichmäßiger Kegel der **Pico del Teide**. Mit 3717 m hält er gleich zwei Superlative: höchster Berg Spaniens und im ganzen Atlantik. Die ellipsenförmige **Caldera**, der Kratergrund des Teide, gehört mit einer Längsachse von 17 km und einer Querachse von 12 km zu den größten der Welt. Seit 2007 ist der Nationalpark von der UNESCO als Weltnaturerbe anerkannt.

1789 floss die letzte Lava aus der Westflanke des Schichtvulkans, 1909 ergoss sich die feurige Fracht aus einem Felsspalt in der Nähe von Santiago del Teide. Das jungvulkanische Gestein unterscheidet ihn schon äußerlich von den anderen Landstrichen. Zu der Formenvielfalt des Lavagesteins gesellen sich alle Farben – gelbe, hell- und dunkelbraune, rötliche, selbst türkisfarbene Töne, Schwarz und Weiß mischen sich zu einem einzigartigen Bild.

Die Höhenlage und die extremen Temperaturunterschiede im Park brachten eine ganz eigene Vegetation hervor. Im Sommer überziehen weiße und gelbe Schleier aus Millionen Ginsterblüten die Ebenen. An den Hängen leuchten die roten Kerzenblüten der Taginasten.

Der Teide-Nationalpark erscheint wie eine eigene Welt. Schon die Fahrt dorthin ist ein Erlebnis, egal, aus welcher Richtung man kommt. Am intensivsten erlebt man die Landschaft bei einer Wanderung. Von einer kleinen Runde in der Ebene bis zum Aufstieg auf den Gipfel sind Touren jeder Schwierigkeit möglich.

Bereits in den unteren Zonen des Nationalparks kann es sehr kühl und windig sein. Spätestens jedoch in der Nähe des Gipfels pfeift der Wind, deshalb sollte man an warme Kleidung denken.

Die schönsten Anfahrtswege

Aus dem Nordosten

Von La Laguna kommend führt die TF 24 durch den **Kiefernwald von La Esperanza** über die Cumbre Dorsal. Keinesfalls sollten Sie den **Mirador de la Cumbre** mit fantastischem Blick auf den Teide und die Nachbarinsel La Palma versäumen. Kurz vor Erreichen der Nationalparkgrenze (etwa 45 km von La Laguna) ragen links die weißen Türme der **astronomischen Observatorien** bei Izaña in den blauen Himmel.

Aus dem Süden und Westen

Zwei Straßen führen aus dem Süden und Westen hinauf in den Nationalpark. Empfehlenswert ist die Variante über **Arona** und die TF 21, bei der Spaniens höchstes Dorf **Vilaflor** › S. 60 und herrliche Pinienwälder passiert werden. Kurz bevor man den Nationalpark durch die **Boca del Tauce** erreicht, schweift der Blick nach Westen auf die Nachbarinseln La Gomera und El Hierro sowie nach Norden bis nach La Palma und bei ganz klarer Sicht ist Gran Canaria im Nordosten zu erkennen. Den Rückweg sollte man über die TF 38 in Richtung Westen antreten: Die Straße führt durch die schwarzen, mit knallgrünen Pinien bewachsenen **Vulkanaschehügel** oberhalb von Chio.

Aus dem Norden

Die TF 21 führt von Puerto de la Cruz durch Teneriffas betörendste Region, das **Orotavatal** › S. 90. Bei diesem Anfahrtsweg passie-

Straße durch den Nationalpark

ren Sie die Stadt ****La Orotava** › S. 93, **Aguamansa** › S. 90 und fahren durch einen Landschaftspark, der seinesgleichen sucht. Immer wieder bieten sich Ausblicke auf das Meer und die Nachbarinsel La Palma sowie auf den alles überragenden Teide. Zwischen den Kilometersteinen 22 und 23 fällt eine an eine Blume erinnernde Basaltformation links der Straße auf. Die Einheimischen nennen das rosettenförmig aus dem Fels ragende, grob kristalline Gestein **Marguerita de Piedra**.

23
Entlang der Cañadas-Straße
El Portillo › Roques de Garcia › Boca del Tauce › Vilaflor

Bevor die Straße bei **El Portillo** ›
S. 130 den Nationalpark erreicht
(37 km ab Puerto La Cruz), durch-
schneidet sie in einer Kurve die
farbigen Schichten des Vulkan-
aschehangs.

Tour im Nationalpark

Entlang der Cañadas-Straße

23 El Portillo › Roques de
Garcia › Boca del Tauce ›
Vilaflor

Distanzen: 20 km bis Boca del
Tauce, weitere 15 km bis
Vilaflor

Die TF 21 führt einmal quer durch
den Nationalpark: von **El Portillo**
› S. 130 durch die jungvulkanische Landschaft, vorbei an allen
Sehenswürdigkeiten, allen Serviceeinrichtungen, Restaurants

und dem Hotel. Hinter den Fels-
formationen von **Roques de
Garcia** › S. 133 passiert die Cañadas-Straße türkisfarbene Felsen,
die **Los Azulejos** genannt werden.
Die ungewöhnliche Gesteinsfarbe
bringt der Kontakt von Eisenhyd-
raten mit heißen Dämpfen zu-
stande. Die Route führt hinunter
auf die **Cañada Llano de Ucanca**
› S. 134, die schon mehrfach als
Kulisse für Science-Fiction-Filme
diente. Bevor die TF 21 die Cañadas bei **Boca del Tauce** in Richtung Vilaflor wieder verlässt, ist
auf der linken Seite eine Felsfor-
mation zu erkennen, die den Namen **Zapato de la Reina** trägt.
Tatsächlich erkennt man mit ein
wenig Fantasie die Umrisse eines
Stöckelschuhs. Auf der TF 38 in
Richtung Chio lohnt sich noch
ein Stopp beim **Mirador Narices
del Teide**, wo man in die Nasen-
löcher genannten Öffnungen unterhalb des **Kraters Chaorro**, der
1789 ausbrach, schauen kann.

Unterwegs im Teide-Nationalpark

Besucherzentrum El Portillo ❶

Das **Centro de Visitantes** – nicht
weit von Zugang El Portillo –
überrascht seine Besucher mit einem simulierten Vulkanausbruch:
mit glühender Magma und fürch-
terlichem Grollen. Hier kann man
sich darüber informieren, welche
Arten von Lava sich im Ernstfall
bilden. Klima, Fauna und Flora

im Nationalpark sind weitere
Ausstellungen gewidmet. Stündlich beginnen Filmvorführungen.
Zum Besucherzentrum (tgl.
9–16 Uhr, Eintritt kostenlos) gehört ein kleiner Buchladen. Ein
botanischer Garten versammelt
die Pflanzen dieser Zone. Ein be-
sonderer Service sind die kostenlosen geführten Wanderungen
(Infos: www.todotenerife.es).

Der Teide-Nationalpark bietet Wanderern eine faszinierende Szenerie

12 ****Der Teide**

Gemessen am Alter des Teno- oder Anagagebirges steckt der Teide noch in den Kinderschuhen. 1789 floss die letzte Lava aus dem Westhang des Berges. 1909 öffnete sich ein Felsspalt weiter unten, in der Nähe des Städtchens Santiago del Teide, aus dem schwarze Asche schoss. Der Teide entstand nicht mit einem Ausbruch, sondern baute sich Schicht für Schicht durch wiederkehrende Eruptionen aus einem Schlot auf. Seit 500 Jahren wächst er nicht mehr nach oben sondern nach Westen. Der Vulkankrater **Pico Viejo** am Westhang entstand vermutlich 1492, der **Krater des Chaorro** im Jahr 1789.

Info

Schon an den Zufahrten zum Park stehen Infokioske, die Gäste mit kostenlosem Material über Fauna und Flora sowie über das Wanderwegenetz versorgen. Echte Sehenswürdigkeiten sind auch die beiden Besucherzentren El Portillo und Cañada Blanca.

Bus

Täglich je eine Hin- und Rückfahrt von Süden und Norden: ab/nach Playa de las Américas mit Bus-Linie 342 um 9.15 Uhr ab ZOB; ab/nach Puerto de la Cruz mit Bus-Linie 348 um 9.15 Uhr ab ZOB. Informieren Sie sich vor Ort noch einmal über die aktuellen Abfahrtszeiten!

Hotel

Parador de Turismo
Apdo. de Correos 15
38300 La Orotava
Tel. 922 37 48 41
www.parador.es
Elegantes, kürzlich renoviertes Haus der staatlichen Parador-Kette mit bequem eingerichteten Zimmern, Restaurant und Cafeteria. Im Garten gibt es einen Pool und einen Tennisplatz. ●●●

Restaurants

■ In Richtung El Portillo liegt eine Zone mit mehreren Restaurants, die internationale und kanarische Küche anbieten (●●).

■ Im Parador befindet sich ein edles Restaurant mit anspruchsvoller spanisch-kanarischer Küche sowie eine Cafeteria, in der es kleine Gerichte, belegte Brote und Kuchen gibt. ●●●

Einkaufen

Ein kleiner Shop im Parador verkauft allerlei Bücher über Teneriffa wie Wanderführer, Pflanzenbestimmungsbücher und Fotobände sowie anspruchsvolles Kunsthandwerk. Im Besucherzentrum El Portillo sind Fachbücher und Landkarten erhältlich.

Buch-Tipp Tod am Teide. Spannender Urlaubskrimi von Irene Börjes, Zech Verlag. Reiseleiterin Lisa Sommer und ihre Wandergruppe entdecken nicht nur Teneriffas schönste Landschaften, sondern auch einen Mörder.

Seilbahn auf den Pico del Teide

Bei ruhigem Wetter fährt die Seilbahn bis zur Stufe unterhalb des Gipfels (**Rambleta**) auf 3550 m. Den Höhenunterschied von 1200 m von der Talstation bis nach oben überwindet sie in acht Minuten. Der höchste Punkt des Teide ist nur mit Berechtigungsschein (Permiso) für 150 Besucher täglich zugänglich. Aber auch von der Rambleta hat man eine fantastische Sicht auf Teneriffa und die umliegenden Inseln. Ausgeschilderte Wege führen zu den Aussichtspunkten **La Fortaleza** (15 Minuten) und **Pico Viejo** (45 Minuten). Anorak und feste Schuhe nicht vergessen!

Info

Bergfahrten ab 9 Uhr (in der Hochsaison Wartezeiten von bis zu 2 Std.), letzte Talfahrt offiziell um 16 Uhr; bei großem Andrang wird aber niemand zurückgelassen. Bei starkem Wind kein Betrieb (Infos unter Tel. 922 38 37 11; Ticket: Erwachsene 25 €, Kinder 12,50 €, einfache Fahrt die Hälfte).

Blütenträume

Zu jeder Jahreszeit fallen die riesigen Ginsterbüsche ins Auge. Der **Teideginster** blüht in den ersten Sommermonaten weiß und duftet betörend süß, der gelb blühende Ginster hat sich aus den Pinienwäldern bis hierher vorgewagt. Als runde Polster treten die **Teidemargariten**, die ebenfalls gelb blühende **Besenrauke** und der rosalila blühende **Teidelack** auf. Die bekannteste und während ihrer Blüte außergewöhnlichste Pflanze ist die **Taginaste wildpretii**, ein Natternkopf, dessen mehr als 2 m hoher Blütenstand bis zu 30 000 winzige rote Blüten trägt (**>** Abb. S. 31). Die meisten dieser imposanten Pflanzen blühen ab Mai/Juni am Osthang des Gebirgsrings und im Norden am Hang La Fortaleza. In Höhen oberhalb von 2900 m hat es nur das **Teideveilchen** geschafft. Es wächst ausschließlich an den Bimssteinhängen des Vulkans.

Das Observatorium von Izaña thront auf der Cumbre Dorsal

🛈 Der Gipfelweg oberhalb von 3600 m steht 9–17 Uhr nur einer begrenzten Besucherzahl pro Tag offen. Die schriftliche Genehmigung erhält man bei der Nationalparkverwaltung in Santa Cruz, Calle Emilio Calzadilla 5, Tel. 922 29 01 29, Fax 922 24 47 88. Kopie des Personalausweises oder Passes mitbringen!

*Los Roques de García 🔳

Diese markante Felsengruppe zählt zu den Hauptanziehungspunkten und den am meisten fotografierten Plätzen im Nationalpark. Mit höchstens 500 000 Jahren ist dieser Gebirgsring rela-

Sternengucker am Teide

Die klare, staubfreie Luft und das Fehlen von störenden Lichtquellen in der Nacht schafft die idealen Voraussetzungen für die Beobachtung des Alls. Grund genug, bei Izaña eines der weltweit größten internationalen Observatorien zu errichten. Fünf europäische Länder, die USA und Taiwan arbeiten hier zusammen. Die Ergebnisse lassen nicht auf sich warten: Neue Kometen, schwarze Löcher und andere Entdeckungen haben die Wissenschaftler hier schon gemacht. Das Gelände ist gesperrt. Für Interessierte werden Besuchstage angeboten. Mehr Informationen (auf Spanisch und Englisch) im Internet unter www.iac.es und zu den Besuchstagen unter www.astroamigos.com, Tel. 659 59 78 34.

tiv jung. Wahrscheinlich handelt es sich bei ihm um Reste zweier mächtiger, nebeneinander liegender Vulkankegel. Die Ebenen am Fuß des Teidegipfels nennt man **Las Cañadas** (❯ S. 128). Dieser geologische Fachbegriff hat sich auch als Name für den Nationalpark eingebürgert. Die aus mehreren auffälligen Nadeln bestehende Felsgruppe Roques de García trennt quasi die Hochebene Las Cañadas von ihrer Tiefebene, der **Cañada Llano de Ucanca**.

Vom **Aussichtsplatz** bietet sich nicht nur ein herrlicher Blick auf die Roques, sondern auch hinunter auf die Cañada Llano de Ucanca. Direkt unterhalb des Aussichtsplatzes ragt ein massiver Basaltfelsen in die Höhe: **El Catedral**. Wer sich etwas bewegen möchte, kann vom Parkplatz einen zuerst mit Seilen und später mit Steinen markierten Weg etwa 1 km an den Roques de Garcia entlang marschieren. Genau gegenüber, auf der anderen Straßenseite, liegen der Parador mit Hotel, Restaurants und Laden sowie das Besucherzentrum Cañada Blanca.

Cañada Blanca 4

Während im Infozentrum El Portillo die Natur im Mittelpunkt steht, ist das **Besucherzentrum Cañada Blanca** den Menschen gewidmet, die in dieser Zone lebten: den Guanchen und den Hirten. Seit Urzeiten hatten hier oben ihre Herden geweidet, mussten aber 1954 mit der Gründung des Nationalparks ihr angestammtes Territorium verlassen. Der anschließende Saal informiert über das Leben der Guanchen in diesem Gebiet (tgl. 9–16 Uhr).

Wanderwege im Nationalpark

Wanderungen im Parque Nacional del Teide sind einfach großartig! Bei allen Unternehmungen läuft man erhaben über allen anderen Regionen der Insel. Touren jedes Schwierigkeitsgrades sind möglich: von einer kleinen Runde ohne Steigungen bis zum Aufstieg auf den Teide. Selbst **Klettern** kann man hier, aber bitte nur am

Staunen über Las Cañadas, einen der größten Krater der Welt

dafür freigegebenen Felsen Piedra Amarilla, in der Nähe des Paradors auf dem Weg zu den Siete Cañadas.

Grenzenlose Weitblicke auf die Insel und über das Meer auf die Nachbarinseln bieten sich auf den Wanderwegen von der oberen Seilbahnstation **Rambleta**. Sehr schön und relativ einfach ist auch der Pfad vom Parkplatz **Roques de García** › S. 133 ganz nach vorne bis zu einem Plateau (Hin- und Rückweg ca. 1,5 Stunden).

Für die Erkundung des Nationalparks per pedes müssen einige Regeln beachtet werden, z.B. ist das Abweichen von den vorgegeben Wegen nicht gestattet. Eine kostenlose Wanderkarte gibt es an den Infokiosken und im Besucherzentrum. Sie befinden sich im Hochgebirge mit intensiver Sonneneinstrahlung, deshalb sind eine Sonnencreme mit hohem Lichtschutzfaktor und eine Kopfbedeckung unerlässlich. In Höhen über 3000 m ist die Luft nicht nur dünner, sondern auch trockener. Die Belastung für Herz und Kreislauf ist daher größer und Sie benötigen einen größeren Wasservorrat als in anderen Gebieten.

Geführte Touren

Die Nationalparkverwaltung gibt zweimal wöchentlich eine kostenlose Einführung in Fauna und Flora, verbunden mit einer Wanderung bzw. einer Busfahrt durch die Cañadas, auch mit deutschsprachiger Begleitung (Anmeldung unter Tel. 922 29 01 29). Informationen über die Touren

erhalten Sie im Besucherzentrum. Selbstverständlich haben auch die Wanderveranstalter in den Urlaubsgebieten geführte Touren im Nationalpark im Programm.

Siete Cañadas

Für Wanderfreunde mit guter Kondition beginnt gegenüber des Besucherzentrums El Portillo ein 16 km langer Weg (beschildert »Siete Cañadas«), der beim Hotel Parador endet. Man sollte 5 Std. reine Gehzeit für diese Tour einplanen. Im Hinblick auf Höhenunterschiede bereitet der Weg keine Schwierigkeiten, aber die absolute Höhe, die Dauer und die Hitze können die Wanderung beschwerlich machen. Mit Karte (vom Besucherzentrum) fällt die Orientierung leicht. Festes Schuhwerk, Sonnenschutz, Verpflegung und genügend Durstlöscher sind Pflicht. Besonders empfehlenswert ist die Wanderung zwischen Mai und Juli, wenn die Kerzenblüten des Roten Teide-Natternkopfs und Ginster die Vulkanlandschaft mit Farbe betupfen. Wer auf den Bus angewiesen ist, muss vor 16 Uhr den Parador erreicht haben. Dort befindet sich eine Haltestelle für beide Richtungen (Puerto und Las Americas).

Aufstieg zum Pico del Teide

Machen Sie sich auf keinen Fall untrainiert zu einer Besteigung des Teide auf! Es müssen 1500 Höhenmeter bis nahe an die 4000 m Grenze überwunden werden. Planen Sie dafür je nach

Eindrucksvolle Schichtenformation an der Höhenstraße

Kondition 4,5 bis 5,5 Std. reine Gehzeit (ohne Abstieg) ein. Für die Besteigung benötigen Sie neben der allgemeinen Ausrüstung (siehe oben) und warmer Bekleidung auch eine Taschenlampe, denn um den Sonnenaufgang von oben zu erleben, beginnt der Aufstieg von der Hütte Altavista bereits in der Dunkelheit.

Die Besteigung startet in der Regel von der **Montaña Blanca** in 2300 m Höhe (Abzweig von der Cañadasstraße, mit Pkw oder Bus erreichbar). Eine Stunde lang geht es im weiten Bogen um die Montaña Blanca herum gemächlich bergauf bis auf eine Höhe von 2800 m. Man passiert dabei gro-

ße, schwarze Vulkanbomben, die sogenannten Huevos del Teide (»Eier des Teide«) inmitten der ausgedehnten Bimssteinhänge. Danach wandert man rund 1,5 Std. steil in die Höhe. Die **Estancia de los Ingleses** und die **Estancia de los Alemanes**, zwei von Felsbrocken markierte Absätze, unterbrechen die Steigung und laden zur Rast ein. In 3300 m Höhe ist die **Altavista-Hütte** erreicht, wo die Gipfelaspiranten übernachten. Zwei Stunden bevor die Sonne aufgeht, lassen sich die meisten Gäste wecken, um den Sonnenaufgang und das Wandern des Teide-Schattens vom Gipfel zu erleben. Bis 9 Uhr können Sie ihn ohne Erlaubnisschein ersteigen, danach ist eine schriftliche Genehmigung erforderlich › S. 133. Mit der Stirnlampe geht es aufwärts, nach einer Stunde ist die **Rambleta** erreicht, an der die Seilbahn endet. Jetzt noch eine letzte Anstrengung – und der Rundblick auf 3718 m Höhe ist gigantisch! Am schnellsten wieder runter geht es mit der Seilbahn.

Unterkunft

Die Berghütte Altavista bietet außer 60 Schlafplätzen eine Küche, Krankenzimmer, Toiletten und einen kleinen Laden. Unbedingt vorher anmelden unter **Tel. 922 01 04 40** (Mo–Fr 8–14 Uhr). Unter dieser Telefonnummer erfahren Sie auch weitere Details zur Besteigung (auch auf Deutsch). Erwachsene zahlen für ein Bett 20 €, Kinder unter 14 Jahren 10 €. Mehr Infos im Internet unter: www.webtenerife.de

Infos von A–Z

Ärztliche Versorgung und Apotheken

Gesetzlich Krankenversicherte werden mit der Europäischen Krankenversicherungskarte EHIC kostenlos in allen staatlichen Ärztezentren und Krankenhäusern behandelt. Jede Gemeinde verfügt über mindestens ein Ärztezentrum **Centro de Salud** mit einer 24 Stunden Notfallambulanz *(Urgencia)*. Der Abschluss einer privaten Auslandskrankenversicherung, die einen Rücktransport für den Notfall einschließt, ist zu empfehlen. Daneben praktizieren in den touristischen Zentren Deutsch oder Englisch sprechende Ärzte. Die Hotelrezeption vermittelt gute Adressen.

Apotheken *(Farmacias)* haben die üblichen Öffnungszeiten (So geschl.), in den größeren Orten mit turnusgemäßem Nachtdienst (Liste im Aushang aller Apotheken).

Buchläden

Die Librería Barbara in **Los Cristianos,** Calle Maria Amalia Frias 3, bietet u. a. Fachliteratur zu den Kanaren und gute Strandlektüre auch auf Deutsch. Über ein breites Sortiment verfügt auch die Bücherkiste in **Puerto de la Cruz,** im Einkaufszentrum La Paz, Lokal 27.

Devisenbestimmungen

Ausländische Devisen dürfen unbeschränkt ein- und ausgeführt werden.

Diplomatische Vertretungen

■ **Deutschland:** Honorarkonsulat, Calle Costa y Grijalba 18 (zwischen Plaza de Patos und Rambla General Franco), 38080 Santa Cruz, Tel. 922 24 88 20, Fax 922 15 15 55, www.honorarkonsul-teneriffa.de; Mo–Do 10–13 Uhr.

■ **Österreich:** Honorarkonsulat, Calle Hermano Apolinar 22, 38300 La Orotava, Tel. 922 32 59 61; Mo, Mi, Do 15.30–18.30 Uhr.

■ **Schweiz:** Botschaft in Madrid, Tel. 914 36 39 60, Fax 914 36 39 80, Mail: mad.vertretung@eda.admin.ch.

Einreise

Bei einer Aufenthaltsdauer von bis zu drei Monaten genügt für Deutsche ein gültiger Personalausweis oder Reisepass, für Schweizer oder Österreicher die nationale Identitätskarte.

Elektrizität

Eurosteckdosen und eine Netzspannung von 220 Volt sind üblich.

Feiertage

Gesetzliche nationale Feiertage sind: 1. Januar (Año Nuevo), 6. Januar (Los Reyes), 19. März (San José), Gründonnerstag (Jueves Santo), Karfreitag (Viernes Santo), 1. Mai (Día del Trabajo), 30. Mai (Día de Canarias), Fronleichnam (Corpus Cristi), 25. Juli (Santiago), 15. August (Asunción), 25. August (Derrota de Nelson), 12. Oktober (Día de la Hispanidad), 1. November (Todos los Santos), 6. Dezember (Día de la Constitución), 8. Dezember (Inmaculada Concepción), 25. Dezember (Navidad). Außerdem hat jede Provinz und jede Gemeinde einen eigenen Feiertag.

FKK

In Touristenzentren hat sich Baden »oben ohne« an Strand und Swimmingpool eingebürgert. FKK ist nur an bestimmten Abschnitten der Strände von La Tejita (bei El Médano) und Las Gaviotas (nach Las Teresitas in Richtung Igueste) geduldet.

Geld und Währung

Offizielle Währung ist der Euro (€). Zum Schweizer Franken schwankt der Kurs: 1 CHF = 0,69 € (Mai 2010).

Geldautomaten sind ausreichend vorhanden; Kreditkarten (Visa u.a.) werden weithin akzeptiert.

Haustiere

Für Hunde und Katzen braucht man den EU-Heimtierausweis, der neben Name, Alter, Rasse und Geschlecht auch die gültige, tierärztlich bescheinigte Tollwutimpfung verzeichnet. Die Tiere müssen außerdem durch eine Tätowierung oder einen Microchip identifizierbar sein.

Information

Die Spanischen Fremdenverkehrsämter erteilen telefonisch Auskunft und versenden Prospektmaterial, das unter der zentralen Nummer (06123) 99134 oder E-Mail: dusseldorf@tourspain.es bestellt werden kann.

■ **In Deutschland:** 10707 Berlin, Kurfürstendamm 63, Tel. (030) 8 82 65 43; 40237 Düsseldorf, Grafenberger Allee 100, Tel. (02 11) 6 80 39 80; 60323 Frankfurt/Main, Myliusstr. 14, Tel. (0 69) 72 50 38; 80051 München, Postfach 15 19 40, Tel. (0 89) 5 30 74 60.
■ **In Österreich:** 1010 Wien, Walfischgasse 8–14, Tel. (01) 5 12 95 80.

■ **In der Schweiz:** 8008 Zürich, Seefeldstr. 19, Tel. (044) 2 52 79 30/-31; 1201 Genf, 15, rue Ami-Lévrier 2, Tel. (02) 7 31 11 33, Fax 7 31 13 66.
■ **Im Internet:** www.spain.info
Die Informationsstellen vor Ort sind im Reiseteil angegeben.

In Deutschland hilft auch **Tenerife Tourism Corporation** gerne weiter: Clemensstraße 24, 80803 München, Tel. (0 89) 33 05 67 83, www.turismo decanarias.com. Viele Infos und praktische Tipps auch auf Deutsch findet man unter www.todotenerife.es und www.webtenerife.de.

Internet

Internetcafés haben in jedem größeren (Urlaubs-)Ort fast rund um die Uhr geöffnet. Die Nutzungsgebühr liegt bei 2 € pro Stunde. Viele Hotels bieten ihren Gästen als besonderen Service die kostenlose Computernutzung inkl. Internet an. Die neuen Luxushotels verfügen über Internet-Anschlüsse auf den Zimmern oder W-Lan im Haus.

Notruf

Es gilt die europaweite Notruftelefonnummer 112 (auch in Deutsch) für Erste Hilfe, Polizei sowie die Feuerwehr.

Für den Fall, dass ein Rücktransport in die Heimat aus medizinischen Gründen dringend erforderlich ist, stehen rund um die Uhr der **DRK-Flugdienst**, Tel. (00 49) 228 23 00 23, www.drk.de, und außerdem die **Deutsche Rettungsflugwacht**, Tel. (00 49) 711 70 07 22 11, www.drf.de, bereit.

Öffnungszeiten

■ **Geschäfte** haben in der Regel Mo bis Fr 9–13, 16–20 Uhr, Sa 9–14 Uhr geöffnet. Supermärkte und Warenhäuser machen keine Mittagspause. In den Urlaubszentren haben die Läden auch an Wochenenden geöffnet.
■ **Banken:** Mo–Fr 9–14, Sa 9–13 Uhr.

Urlaubskasse	
Espresso/Café solo	0,60–1 €
Softdrink (Wasser, Cola, Fanta)	1–1,50 €
kleines Glas Bier (caña)	1,50–1,80 €
Tapas	ab 2 €
Kugel Eis	1–1,50 €
Taxifahrt (bis 10 km)	ca. 7 €
Mietwagen/Tag	ab 25 €

■ **Post:** Mo–Sa 9–13 Uhr. In Santa Cruz hat die Hauptpost Mo–Fr 9.30 bis 20.30, Sa 9.30–14 Uhr geöffnet.
■ **Kirchen:** Nach Aushang.

Post

Das Porto für Standardbriefe und Ansichtskarten beträgt 0,62 €. Briefmarken *(sellos)* erhält man beim Kartenkauf und an der Hotelrezeption.

Preise

Das Preisniveau auf der Insel entspricht etwa demjenigen in Deutschland. Wegen des Freihandelsstatus sind Tabakwaren und Kraftstoffe aber erheblich billiger. Günstiger sind auch Dienstleistungen in Bars und Restaurants außerhalb der Urlaubszone (❯ Urlaubskasse). Lebensmittel sind auf Teneriffa teurer als in Deutschland.

Sicherheit

Taschendiebe, Trickbetrüger und Autoknacker finden ihre Opfer vor allem in den Städten und Urlaubszentren. Wer seinen Wagen an einsamen Stellen unterwegs abstellt, sollte nichts im Wagen lassen und mit offenen Fächern zeigen, dass es nichts zu holen gibt.

Telefon und Handy

Von allen Telefonzellen können Auslandsgespräche geführt werden. Sie sind für Telefonkarten (*tarjeta telefónica*, erhältlich in Tabakläden und Supermärkten) und Münzen eingerichtet.

In Spanien gibt es drei **Mobilfunkanbieter** (GSM-Netz): Movistar, Vodafone und Orange. Nur in Schluchten ist mit Empfangsproblemen zu rechnen. Die Roaming-Gebühren für Gespräche im ausländischen Netz sind je nach Anbieter unterschiedlich hoch.

Telefonauskunft national: Tel. 118 18, international: Tel. 118 125.

Die **Vorwahlnummer fürs Ausland** ist die 00, gefolgt von der jeweiligen Landesvorwahl (41 für die Schweiz, 43 für Österreich und 49 für Deutschland). Anschließend wählt man die Ortskennziffer ohne Null am Anfang, danach die Teilnehmernummer.

Vorwahl nach Spanien: 00 34

Trinkgeld

Der Service ist im Endbetrag der Rechnung inbegriffen. Es ist aber üblich, gute Leistung mit einem etwa 5–10 %-igen Trinkgeld zu honorieren. In Hotels gibt man zu Beginn und am Ende des Aufenthalts einen angemessenen Betrag, ebenso bei Dienstleistungen, die nicht selbstverständlich sind.

Zeit

Auf den Kanarischen Inseln gilt die westeuropäische Zeit (WEZ). Es ist immer eine Stunde früher als auf dem europäischen Kontinent.

Zeitungen

Die überregionalen europäischen Tageszeitungen und Journale sind an den Kiosken in den Urlaubszentren spätestens am Tag nach ihrem Erscheinen erhältlich. Alle zwei Wochen erscheint ein deutschsprachiges »Wochenblatt«, das zugleich Informations-, Werbe-, Lokal- und Unterhaltungsblatt ist (enthält den Busfahrplan!).

Zoll

Die Kanaren sind noch immer Freihandelszone, weswegen es bei der Einreise keine Zollkontrollen gibt. Bei der Rückkehr nach Deutschland, Österreich und in die Schweiz gelten folgende Freigrenzen (wegen des Sonderstatus niedriger als EU-üblich): 200 Zigaretten, 100 Zigarillos, 50 Zigarren oder 250 g Tabak; 1 l Spirituosen über oder 2 l unter 22 Vol.-% (bzw. 15 %) Alkoholgehalt oder 2 l Schaumwein, dazu 2 l Tischwein. Souvenirs sind frei bis 430 € bzw. 300 CHF pro Person.

Register

Register

Bildnachweis

Alamy/Peter Adams Photography Ltd: U2-Top12-06; Alamy/FAN travelstock: 62; Alamy/Islandstock: 58; Alamy/Rainer Jahns: 91; Alamy/Alberto Paredes: 39; Alamy/PCL: 94; Alamy/Mark Sunderland: 67; Alamy/WildPlaces Photography: 70; Alamy/World Pictures: 69; APA Publications/Gary John Norman: 2-1, 19, 32, 33, 52, 83, 84, 85, 88, 110, 114, 115, 116, 118, 123, 133, 136; Bildagentur Huber/Fantuz Olimpio: U2-Top12-07, 100; Bildagentur Huber/R. Schmid: 6, 61, 78, 113; Irene Börjes: 21, 22; Bernd Gruschwitz: 35, 111, 134; Fotolia.com/Jürgen Effner: 129; Fotolia.com/Anja Liefting: U2-Top12-01; Fotolia.com/Torsten Mühlbacher: 31; Fotolia.com/Janeczek Piotr: 48; Fotolia.com/Stefan Richter: 2-2; Fotolia.com/sathopper: 11; Fotolia.com/spot-shot: U2-Top12-02; Fotolia.com/ Manfred Steinbach: 2-3; Fotolia.com/Attila Zalan: 99; Rainer Hackenberg: U2-Top12-03, U2-Top12-09, U2-Top12-10, U2-Top12-11, U2-Top12-12, 1, 8, 127, 131; IFA/Welsh K.: 42; Dorothee Krause: 34; laif/Babovic: 56, 97; laif/hemis.fr/Marc Dozier: 107; laif/C. Piepenburg: U2-Top12-05, 49, 50; laif/Tophoven: 73; LOOK-foto/Juergen Richter: U2-Top12-04, U2-Top12-08, 5, 15, 24, 40, 47, 63, 77, 121; Hubert Stadler: 16, 125, Klaus Thiele: 36; Ernst Wrba: 17, 74.

Polyglott im Internet: www.polyglott.de

Impressum

Wir freuen uns, dass Sie sich für einen Reiseführer aus dem Polyglott-Programm entschieden haben. Auch wenn alle Informationen aus zuverlässigen Quellen stammen und sorgfältig geprüft sind, lassen sich Fehler nie ganz ausschließen. Wir bitten um Verständnis, dass der Verlag dafür keine Haftung übernehmen kann. Ihre Hinweise und Anregungen sind uns wichtig und helfen uns, die Reiseführer ständig weiter zu verbessern. Bitte schreiben Sie uns:

GVG TRAVEL MEDIA GmbH, ein Unternehmen der GANSKE VERLAGSGRUPPE
Redaktion Polyglott, Harvestehuder Weg 41, 20149 Hamburg, redaktion@polyglott.de

Wir wünschen Ihnen eine gelungene Reise!

Bei Interesse an Anzeigen:
b.biersack@bayerwaldmedia.de, Tel. 09971 / 996 98-0

Herausgeber: GVG TRAVEL MEDIA GmbH
Redaktionsleitung: Grit Müller
Autorin: Irene Börjes
Redaktion und Lektorat: Astrid Därr, München
Bildredaktion: Ulrich Reißer und Dominik Dittberner
Layout: Ute Weber, Geretsried
Titeldesign-Konzept: Studio Schübel Werbeagentur GmbH, München
Karten und Pläne: Kartographie Huber; Kartografie GVG TRAVEL MEDIA GmbH, Hamburg
Satz: Schulz Bild & Text, Hamburg
Druck: Himmer AG, Augsburg
Bindung: »Butterfly«-Bindeverfahren durch Kolibri Industrielle Buchbinderei
geschützt durch Gebrauchsmusteranmeldung Nr. 20 2008 013 299.1

© 2011 by GVG TRAVEL MEDIA GmbH, Hamburg
Printed in Germany
Dieses Buch wurde auf chlorfrei gebleichtem Papier gedruckt.
ISBN 978-3-493-55813-5

Langenscheidt Mini-Dolmetscher Spanisch

Allgemeines

Guten Tag.	Buenos días. [buenos dias]
Hallo!	¡Hola! [ola]
Wie geht's?	¿Qué tal? [ke tal]
Danke, gut.	Bien, gracias. [bjen graθjas]
Ich heiße ...	Me llamo ... [me ljamo]
Auf Wiedersehen.	Adiós. [adjos]
Morgen	mañana [manjana]
Nachmittag	tarde [tarde]
Abend	tarde [tarde]
Nacht	noche [notsche]
morgen	mañana [manjana]
heute	hoy [oi]
gestern	ayer [ajer]
Sprechen Sie Deutsch / Englisch?	¿Habla usted alemán / inglés? [abla usted aleman / ingles]
Wie bitte?	¿Cómo? [komo]
Ich verstehe nicht.	No he entendido. [no e entendido]
Wiederholen Sie bitte.	Por favor, repítalo. [por fawor repitalo]
..., bitte.	..., por favor. [por fawor]
danke	gracias [graθjas]
Keine Ursache.	De nada. [de nada]
was / wer / welcher	qué / quién / cuál [ke / kjen / kual]
wo / wohin	dónde / adónde [donde / adonde]
wie / wie viel / wann / wie lange	cómo / cuánto / cuándo / cuánto tiempo [komo / kuanto / kuando / kuanto tjempo]
Warum?	¿por qué? [por ke]
Wie heißt das?	¿Cómo se llama esto? [komo ße ljama esto]
Wo ist ...?	¿Dónde está ...? [donde esta ...]
Können Sie mir helfen?	¿Podría usted ayudarme? [podria usted ajudarme]
ja	sí [ßi]
nein	no [no]
Entschuldigen Sie.	Perdón. [perdon]
Das macht nichts.	No pasa nada. [no paßa nada]

Sightseeing

Gibt es hier eine Touristeninformation?	¿Hay por aquí cerca una información turística? [ai por aki θerka una imformaθjon turistika]
Ich möchte einen Stadtplan / ein Hotelverzeichnis.	¿Tiene un plano de la ciudad / una lista de hoteles? [tjene um plano de la θiudad / una lista de oteles]
Wann ist das Museum geöffnet?	¿Cuándo está abierto el museo? [kuando esta abjerto el mußeo]
Wann ist die Kirche / die Ausstellung geöffnet?	¿Cuándo está abierta la iglesia / la exposición? [kuando esta abjerta la igleßja / la espoßiθjon]
geschlossen	cerrado [θerrado]

Shopping

Wo gibt es ...?	¿Dónde hay ...? [donde ai]
Wie viel kostet das?	¿Cuánto cuesta? [kuanto kuesta]
Das ist zu teuer.	Es demasiado caro. [es demaßjado karo]
Das gefällt mir (nicht).	(No) me gusta. [(no) me gusta]
Gibt es das in einer anderen Farbe / Größe?	¿Tienen este modelo en otro color / otra talla? [tjenen este modelo en otro color / otra talja]
Ich nehme es.	Me lo llevo. [me lo ljevo]
Wo ist eine Bank?	¿Dónde hay un banco? [donde ai um banko]
Ich suche einen Geldautomaten.	Busco un cajero automático. [busko un kachero automatiko]
Geben Sie mir bitte 100 g Käse / zwei Kilo Pfirsiche.	Por favor, déme cien gramos de queso / dos kilos de melocotones. [por fawor deme θjen gramos de keßo / dos kilos de melokotones]
Haben Sie deutsche Zeitungen?	¿Tienen periódicos alemanes? [tjenen perjodikos alemanes]
Wo kann ich telefonieren?	¿Dónde puedo llamar por teléfono? [donde puedo ljamar por telefono]
Wo kann ich eine Telefonkarte kaufen?	¿Dónde puedo comprar una tarjeta telefónica? [donde puedo komprar una tarcheta telefonika]

Notfälle

Ich brauche einen Arzt / Zahnarzt.	Necesito un médico / un dentista. [neθeßito um mediko / un dentista]